Anselm Grün

Die heilsame Kraft der inneren Bilder

Das Buch

Innere Bilder, Vorstellungen, die in unseren Köpfen sind, haben eine große Kraft: Ihre Kraft kann heilsam sein, aber auch am Leben hindern. Anselm Grün geht es darum, die inneren Bilder zu aktivieren, die wirklich heilsam sind. Sie lassen sich nutzen, um negative Gedankenschleifen durch gute Bilder zu ersetzen. Zunächst ist es wichtig, überhaupt zu merken, wie innere Bilder wirken: Welchen Einfluss haben zum Beispiel durch Medien vermittelte Bilder auf die eigene Vorstellung? Wie wirken Bilder, die uns von den Eltern vermittelt wurden? Welche Kräfte entfalten sie in unserem Unbewussten? Anselm Grün geht es darum, dass wir in Übereinstimmung mit uns selbst kommen: Bilder können Wegweiser zu einem selbstbewussten und authentischem Leben sein. Sie gilt es zu identifizieren und ihre heilsamen Kräfte zu nutzen.

Der Autor

Anselm Grün OSB, Dr. theol., geboren 1945, Cellerar der Abtei Münsterschwarzach, Meditationsleiter, weltweit populärster christlicher Autor unserer Tage. Unter seinen Büchern: Einfach leben; Was soll ich tun?; Der Stressengel und andere himmlische Boten; Wege durch die Depression; Das große Buch der Lebenskunst; Zur inneren Balance finden; Lebensfragen. Sein periodischer Monatsbrief »einfach leben« erreicht zahlreiche Leser (www.einfachlebenbrief.de)

Anselm Grün

Die heilsame Kraft
der inneren Bilder

Aus unverbrauchten Quellen schöpfen

HERDER

FREIBURG · BASEL · WIEN

HERDER spektrum Band 6668

MIX
Papier aus verantwor-
tungsvollen Quellen
FSC® C083411

Titel der Originalausgabe: Die heilsame Kraft der inneren Bilder
© Kreuz Verlag in der Verlag Herder GmbH, Freiburg im Breisgau 2011
ISBN 978-3-451-61061-5

© Verlag Herder GmbH, Freiburg im Breisgau 2013
Alle Rechte vorbehalten
www.herder.de

Umschlagkonzeption: Agentur RME Roland Eschlbeck
Umschlaggestaltung: Verlag Herder
Umschlagmotiv: © designritter / photocase.com

Satz: de·te·pe, Aalen
Herstellung: CPI – Clausen & Bosse, Leck

Printed in Germany

ISBN 978-3-451-06668-9

Inhalt

1.
Bilder bewegen
unsere Seele

Die emotionale Wucht von Bildern

Bilder haben mehr Wucht und eine größere Kraft als Worte. Sie können Seelen tief berühren und Emotionen bewegen wie wenig sonst. Die Fotos leidender Kindergesichter aus den Kriegs- und Krisengebieten, sei es Vietnam, Biafra oder Irak können wir nicht vergessen. Und als 2001 die Bilder der von Flugzeugen zerstörten Twin Towers in New York um die Welt gingen und in endlosen Schleifen im Fernsehen wiederholt wurden, haben sie die Menschen auf dem ganzen Globus aufgewühlt. Ähnlich die Bilder vom Erdbeben und Tsunami, die zehn Jahre später weite Landstriche Japans verwüsteten: Verstörende Bilder von Gewalt, Zerstörung und Ohnmacht, die sich tief eingeprägt haben. Aber auch positive Bilder gibt es, die sich im kollektiven Gedächtnis festgesetzt haben: die erste Mondlandung eines Astronauten etwa. Auch das war mit starken Emotionen verbunden, weil uns der Blick vom Nachbartrabanten die einzigartige Kostbarkeit des blauen Heimatplaneten Erde im Kosmos vor Augen geführt hat.

Auch Worte können emotional etwas bewegen, wenn sie nicht nur rational argumentieren, sondern Bilder hervorrufen. Martin Luther King hat mit seiner berühmten Rede vor dem Lincoln Memorial in Washington gegen die Rassentrennung – »Ich habe einen Traum« – in den USA mehr Eindruck gemacht als manche mit viel Sachverstand ausgearbeiteten Regierungsprogramme. Sein Bild vom Traum einer brüderlichen Gesellschaft hat die Massen bewegt,

die Seelen verändert und einen Umkehrprozess bei Wei-
ßen und Schwarzen ausgelöst.

Bilder sprechen archetypische Muster in der menschlichen Seele an und entfalten auch ihre Wirkung. Bilder
bewegen, sie sind voller Emotionen und rufen Emotionen
hervor. Emotion kommt von emovere, was ›herausbewe-
gen‹ bedeutet. Die Emotionen bringen Bewegungen in der
Gesellschaft in Gang. Aber auch beim einzelnen Menschen wirken sie. Und sie bestimmen unser Leben oft
mehr als uns bewusst ist.

Eine allgegenwärtige Bilderflut

Noch niemals sind auch im Alltag so viele Bilder auf uns
eingeströmt wie heute. Das Fernsehen überflutet uns auf
allen Kanälen mit optischen Reizen. In öffentlichen Räumen, in den Städten, auf Bahnhöfen, in Sportstadien, in
Wartesälen, überall springen uns die Bilder der Werbung
an, die Markenbilder mit Konsumartikeln verbinden, bestimmte Moden oder Schönheitsideale propagieren, oder
ein bestimmtes Image mit Waren suggerieren. Alle kon-
kurrieren sie um die Aufmerksamkeit der Konsumenten.
Immer raffinierter und ausgefeilter werden die Versuche,
dieses kostbare Gut Aufmerksamkeit in Beschlag zu nehmen, um den Kaufimpuls zu ermöglichen. Das nimmt mit
dem Internet noch einmal eine neue Dimension an. All
diese Bilder wirken auf uns ein. Wir können uns ihnen

kaum entziehen. Manchmal zieht uns ein Bild auch richtiggehend in seinen Bann. Wir können die Augen kaum abwenden. Immer wieder müssen wir hinschauen. Da sind Bilder, die uns auf Werbeanzeigen am Bahnhof ansprechen und unsere Aufmerksamkeit auf sich ziehen. Wir wissen oft nicht, warum wir von dem Bild nicht loskommen. Offensichtlich spricht es etwas in uns an, was uns fasziniert. Psychologen haben sich Gedanken gemacht über die Wirkung dieser »geheimen Verführer«, die tiefere Schichten unserer Seele ansprechen, die oft zwischen dem Bewussten und dem Unbewussten liegen. Die so angestoßenen Emotionen bewegen uns. Wir reagieren auf die Bilder, entweder seelisch oder indem wir etwas tun, das heißt: uns vom Bild in die Handlung drängen lassen. Der Verstand wird dabei manchmal ausgeschaltet. Bilder nehmen uns also in Beschlag. Bilder beherrschen uns oft. Wir können uns mit dem Verstand gar nicht dagegen wehren.

Es gibt Bilder, die alle ansprechen. Sie treffen die Sehnsucht vieler Menschen. Oder aber sie berühren die Ängste, die viele einschnüren. Die Bilder bringen diese Angst zum Ausdruck und geben so möglicherweise den Menschen die Möglichkeit, ihrer Angst die Macht zu nehmen. Indem die Angst zum Ausdruck kommt, kann sie sich wandeln. Andere Bilder bewegen uns, weil sie uns ein Leid vor Augen halten, das uns nicht kalt lässt. Schreiende Menschen, die den Tod eines lieben Menschen betrauern, das entstellte Gesicht einer Frau, die von ihrem Mann verstümmelt worden ist, abgemagerte Kinder, solche Bilder rühren uns an und bringen uns in Berührung mit unserer Fähigkeit, mitzuleiden. Sie lassen uns teilhaben am Schicksal anderer

Menschen. Sie reißen uns aus unserer Isolierung heraus und bringen uns in inneren Kontakt mit anderen Menschen. Sie bewegen unsere Emotionen. Dabei sind sie keine Informationen über bestimmte Fakten. Sie zeigen uns das Leid, machen die Angst, die Sehnsucht, die Freude, den Jubel konkret und anschaulich in einem menschlichen Gesicht. Durch diese Bilder spüren wir die Emotionen, die in uns sind, die wir aber oft unterdrücken. Und die Bilder sprechen die inneren Bilder an, die wir in uns tragen. Jeder von uns trägt in sich das Bild eines hilfsbedürftigen Kindes, das Bild eines guten Vaters, das Bild einer liebenden Mutter. Indem wir solche Bilder anschauen, regt sich das innere Bild in uns. Und mit dem inneren Bild kommen wir in Berührung mit den Möglichkeiten, die in unserer Seele bereit liegen.

Äußere Bilder – innere Bilder

Doch wenn es zu viele Bilder sind, die auf uns einströmen, überlagern sie die inneren Bilder, die wir in uns tragen. Sie verwirren uns, sie zerreißen uns, sie zerstreuen uns. Die Medien zielen mit ihrer Bilderflut auf das Herz des Menschen. Sie wollen sein Denken und Fühlen bestimmen. Sie wollen ihn in eine ganz bestimmte Richtung weisen. Boulevard-Medien wissen etwa um die Kraft der Bilder und setzen sie nicht nur ein, um Menschen zu beeinflussen, sondern auch, um wirtschaftlichen Erfolg zu haben. Wenn der Mensch zu viele Bilder auf sich einströmen lässt, hat das allerdings Konsequenzen: Er verliert oft die Beziehung zu seinen eigenen inneren Bildern. Mit der überwältigenden Vielzahl der Eindrücke kann er sich gar nicht auseinander setzen. Er vermag auch nicht, diese Bilder in sich einzubilden. Sie ziehen an ihm vorüber. Einerseits halten sie ihn innerlich besetzt. Aber zugleich hindern sie ihn daran, mit seiner eigenen Tiefe in Berührung zu kommen, in der seine inneren Bilder liegen. Die Werbepsychologen rechnen damit, dass schon ein nur kurz gezeigtes Bild das Unbewusste des Menschen prägt und ihn zum Kauf anregt. Die vielen Bilder manipulieren daher den Menschen. Sie sind keine Hilfe mehr, sich seiner eigenen inneren Bilder bewusst zu werden. Seine Seele wird vielmehr durcheinander gewühlt, ohne dass er diese durchwühlte Welt seiner Seele anschauen und bearbeiten kann. Je mehr Bilder in ihn einströmen, desto mehr halten sie ihn davon ab, in den ruhigen Grund seiner Seele zu gelangen. Er bleibt in den stürmischen Wellen des Meeres stehen und wird von ihnen hin- und hergerissen.

Die äußeren Bilder bringen uns in Berührung mit den inneren Bildern. C. G. Jung ist davon überzeugt, dass jeder in sich solche inneren Bilder trägt. Es sind Bilder, die sich nicht nur durch die Erlebnisse unserer Lebensgeschichte in uns eingeprägt haben. In ihnen haben sich auch die Erfahrungen von Jahrhunderten menschlicher Geschichte verdichtet. Ein wichtiger Weg der Therapie besteht für den analytischen Therapeuten Jung darin, mit diesen inneren Bildern in Berührung zu kommen. Allerdings sind das nicht immer nur heilende Bilder, sondern auch Bilder des

Unheils, nicht nur Bilder des Gelingens, sondern auch Bilder des Misslingens. Von diesen inneren Bildern hängt es gleichwohl ab, wie wir unser Leben erfahren und ob es uns gelingen oder misslingen wird.

Das Doppelgesicht der Bilder

In Gesprächen mit anderen Menschen erlebe ich immer wieder, wie es letztlich Bilder sind, die ihre Stimmung und ihr Lebensgefühl prägen. Dem einen geht es schlecht, weil er negative Bilder in sich trägt, die er nicht erkennt oder nicht loswird. Der andere jammert, obwohl seine Situation objektiv gesehen gar nicht so beklagenswert ist. Die Ursache seines Jammerns: Die überhöhten Bilder, die er sich von sich und von seinem Leben gemacht hat, sind nicht verwirklicht worden. Sein Leben ist anders als die Bilder, die er in sich trägt oder die er sich von andern aufdrücken ließ. Es entspricht nicht den Idealbildern, die die Medien von einem gelingenden Leben zeichnen und ihm vorhalten. In der Begleitung vieler Menschen ist mir klar geworden: Von den Bildern, die ich in mir trage, hängt es ab, wie es mir geht, ob ich Lust habe, zu leben, etwas anzupacken, mich zu engagieren oder aber ob ich nur herumhänge, lustlos, antriebslos und kraftlos.

Die christliche Tradition hat die Menschen stets mit heilenden Bildern, aber auch mit krankmachenden Bildern umgeben, etwa mit dem Bild des kontrollierenden Gottes. Doch wenn wir in den alten Kirchen auf die Bilder und Statuen schauen, sehen wir heilende Bilder. Wenn wir sie anschauen, wirken sie beruhigend, befreiend und heilend auf uns. Und die Bibel ist voll von heilenden Bildern. Die griechische Mystik war immer eine Mystik des Schauens. Die Christen in der frühen Kirche schauten auf die Bilder, die ihnen die Bibel anbot, und auf die Bilder, die sie in der Natur erblickten, und auf die Bilder, die christliche Kunst ihnen darbot. Es ist eine wichtige Aufgabe und mir ein Anliegen, diesen Weg wieder aufzuzeigen und die heilenden Bilder der christlichen Tradition wieder neu in den Blick zu nehmen. Wir haben hier einen Schatz, an dem wir oft achtlos vorübergehen.

So möchte ich mich in diesem Buch mit der heilsamen Kraft, aber auch mit der krankmachenden Wirkung von inneren Bildern befassen. Die Erfahrungen, die ich selbst mit meinen inneren Bildern und mit den Bildern meiner Gesprächspartner gemacht habe, drängen mich, diese Zusammenhänge bewusst zu machen und über ihre Wirkung zu schreiben. Das, was ich selber gespürt habe, hat mich aber auch angetrieben, in der Philosophie, in der Psychologie und in der Theologie nach Erkenntnissen über die Macht der Bilder zu forschen. Wenn ich über ihre heilende und krankmachende Macht spreche, habe ich immer die Menschen vor Augen, die mir von ihren Problemen erzählen. Im Gespräch, das ich in der Begleitung von Menschen führe, versuche ich, den Bildern zu trauen, die in mir aufsteigen. Es sind oft Gegenbilder gegen die Vorstellungen, die mir die Hilfe suchenden Menschen von sich anbieten.

Ich vertraue darauf, dass die Menschen wirkliche Hilfe erfahren, wenn sie ihre Sichtweisen von sich aufgeben und zu einer neuen Sichtweise finden. Die Bilder, die ich ihnen anbiete, wollen sie in Berührung bringen mit ihren guten inneren Bildern. Ich will niemandem etwas überstülpen. Aber ich vertraue meiner Intuition, dass ich gemeinsam mit dem Gesprächspartner Bilder finde, die ihm gut tun und sein Leben verwandeln und heilen.

2.
»Bildung« – das einmalige Bild in uns

Innere Bilder: Werde, der du bist

Das Thema der inneren Bilder hat schon der große griechische Philosoph Platon entfaltet. Er spricht von den Ideen, die die eigentliche Wirklichkeit darstellen. Die Dinge, die wir sehen, sind für ihn nur Abbilder der Ideen. Die Welt der Ideen ist nur dem Verstand zugänglich. Bei Platon gelten die Ideen als das wirklich Seiende. Sie haben also eine höhere Qualität als die nur abbildhaften Dinge in Raum und Zeit. »Nur durch die Teilhabe an den Ideen sind die Dinge, was sie sind, aus sich selbst haben sie keinen Bestand. Menschen, die dem bloßen Sinnenschein der Dinge verhaftet bleiben, leben nach Platon wie Gefangene in einer Höhle … Die Bildung des Menschen wird dagegen beschrieben als durchaus schmerzvoller Weg aus der Höhle ins Licht, aus der Verhaftung bei den Abbildern zur Erkenntnis der Urbilder.« (Frost 109) Bildung besteht für Platon darin, die Urbilder zu erkennen, die Gott jedem Ding eingeprägt hat. Und vor allem besteht Bildung darin, das Urbild meines Menschseins zu erkennen und es zu leben. Bildung heißt für Platon: sich die Ideen einbilden, die dem Menschsein zugrunde liegen, um in Berührung zu kommen mit seinem wahren Wesen als Mensch. Gebildet ist nach Platon nicht der, der viel weiß, sondern der, der sich die Idee eingebildet hat, die seinem Wesen entspricht. Und Bildung besteht nach Platon darin, sich die Ideen der Dinge, auch der geistigen Dinge wie die Tugenden von Gerechtigkeit, Tapferkeit, Maß und Klugheit, einzubilden. Hinter allem Guten, Schönen, Gerechten steht eine Idee. Und mit dieser Idee soll der Mensch in Berührung kommen.

Augustinus, der die Gedanken Platons in die christliche Philosophie und Theologie aufgenommen hat, versteht die Ideen als Gedanken Gottes. Der Gedanke der göttlichen Ideen wird dann in der mittelalterlichen Theologie aufgegriffen. Gott hat die gesamte Schöpfung »nach den in ihm enthaltenen ewigen und unwandelbaren Gründen oder Ideen (rationes, ideae) geschaffen« (Dreyer, LThK 393). Augustinus verbindet diesen Gedanken mit dem Prolog des Johannesevangeliums: »Im Anfang war das Wort, und das Wort war bei Gott, und das Wort war Gott.« (Joh 1,1) Christus selbst ist das Wort, durch das Gott alles geschaffen hat. Das heißt aber auch, dass in allen Dingen dieses göttliche Wort, die göttliche Idee eingebrannt ist. Wahres Wissen, das die Bildung vermitteln will, ist für Augustinus das Wissen um diese göttlichen Ideen. Sie bekommen wir durch Teilhabe an Gott, oder wie er es auch ausdrückt: durch Erleuchtung. Gottes Geist erleuchtet uns, damit wir in allem diese göttlichen Ideen erkennen.

Wenn wir auf dem Hintergrund der augustinischen Deutung der platonischen Philosophie nochmals einen Blick auf den Begriff der Bildung werfen, so heißt Bildung: sich das einmalige Bild einzubilden, das Gott sich von jedem von uns gemacht hat. Jeder Mensch ist einzigartig. Von jedem Menschen hat Gott sich ein Bild gemacht. Nur wenn wir diesem Bild Gottes in uns nahe kommen, gelingt unser Leben. Nur dann leben wir authentisch. Dann sind wir ganz wir selbst, so wie es unserem inneren Wesen entspricht. Es ist ein lebenslanges Ringen, um dieses einmalige Bild in uns zu entdecken und es immer mehr in uns einzubilden. Dabei können wir dieses Bild oft gar nicht beschreiben. Aber es leuchtet auf, wenn wir im Einklang sind mit uns selbst, wenn wir das Gefühl von Stimmigkeit haben. Wir stimmen überein mit unserem inneren Wesen, mit unserem wahren Selbst. Und wir dürfen vertrauen, dass wir mit dem inneren Bild in Berührung sind, wenn unser Leben fließt und wenn es aufblüht.

Das innere Bild entspricht dem, was die stoische Philosophie das »autos«, das innere Heiligtum des Menschen nennt. Lukas bezieht sich auf dieses stoische Verständnis des »autos«, wenn er Jesus nach der Auferstehung sagen lässt: »Ego eimi autos = ich bin ich selbst«. Wer ganz er selbst ist, der ist im Einklang mit sich. Er muss sich nicht beweisen gegenüber anderen Menschen. Er *ist* einfach da. Er ist reines Sein. Wer mit seinem Selbst in Berührung kommt, der ist ursprünglich und authentisch. Die Bibel kennt verschiedene Bilder für dieses wahre Selbst des Menschen. Da ist einmal das Bild vom Schatz: »Verschafft euch einen Schatz, der nicht abnimmt, droben im Himmel, wo kein Dieb ihn findet und keine Motte ihn frisst. Denn wo euer Schatz ist, da ist auch euer Herz.« (Lk 12,33f) Der wahre Schatz des Menschen besteht nicht in äußeren Dingen, sondern in dem inneren Selbst. Dort, wo der Mensch ganz er selbst ist, ist er – so die stoische Philosophie – im inneren Heiligtum, oder – in der Sprache des Lukas: da ist er im Himmel, da ist der Himmel in ihm. Ein anderes Bild ist das der kostbaren Perle. Unser Selbst ist wie eine leuchtende Perle. Die Perle entsteht in den Wunden der Auster. So ist der Weg zu unserem wahren Selbst oft ein schmerzlicher Weg. Wunden brechen den Panzer um uns auf, damit wir zu unserem innersten Kern gelangen.

Nach der biblischen Schöpfungslehre hat Gott die Welt durch sein Wort geschaffen. Das bedeutet, dass in allen Dingen dieser Welt, dass vor allem aber in der Natur ein Wort Gottes, eine göttliche Idee zum Ausdruck kommt. Zur Bildung auf dem Hintergrund der biblischen Schöpfungslehre gehört auch, dass wir uns die Bilder der Natur »einbilden«. Seit jeher haben die Menschen in den Naturdingen ein Symbol für ihr eigenes Wesen gesehen. Aniela Jaffé, eine Schülerin von C. G. Jung, beschreibt diese Weisheit der Menschen so: »Der ganze Kosmos ist ein potentielles Symbol. Wie die Symbolgeschichte zeigt, kann alles eine symbolische Bedeutung annehmen: das Reich der Natur mit Stein, Pflanze, Tier und Mensch, mit Licht und Gestirnen, Berg und Tal, sowie den vier Elementen.« (Jaffé 232) Indem der Mensch die Steine betrachtet, kommt er in Berührung mit dem Festen und Felsigen in ihm selbst, das ihm Halt gibt. Indem er etwa die Königskerze betrachtet, entdeckt er das Königliche in sich selbst. Und wenn er eine Rose meditiert, kommt er in Berührung mit der Liebe, die die Rose seit jeher symbolisiert.

Wenn wir die Natur betrachten, entdecken wir in ihr Bilder für unser wahres Selbst. An der Natur können wir sehen, wer wir sind und wie unser Leben gelingt. Ein Beispiel: Im sogenannten Recollectio-Haus in Münsterschwarzach, wo Menschen in Lebenskrisen im spirituellen Ambiente einer geistlichen Gemeinschaft innehalten und über ihr Leben nachdenken wollen und neue Kraft schöpfen möchten für ihr berufliches und persönliches Leben, leiten wir in der kreativen Gruppe oft an, einen Lebensbaum zu malen. An der Art und Weise, wie jeder seinen

Lebensbaum malt, kann man sehr viel über seinen seelischen Zustand erkennen. Da malen die einen ihren Baum ohne Wurzel und drücken damit aus, dass sie keine Wurzeln haben, aus denen sie leben. Bei andern ist der Baum voller Narben oder aber Äste sind abgehackt. Da erkennen die Malenden die Verletzungen ihrer Lebensgeschichte oder aber sie spüren auch, dass manches nicht leben durfte. Es wurde von äußeren Ereignissen gleichsam abgeschnitten. Bei dem einen ist der Baum ganz kräftig. Aber er hat zu wenig Raum, um sich zu entfalten. Andere malen ihren Baum ganz klein. Sie trauen sich nichts zu. Der Baum zeigt, wie es um den einzelnen steht. Am Bild, das sie gemalt haben, entdecken die Malenden, wie es um ihre inneren Bilder steht und wie sie sich selbst fühlen.

Auf der einen Seite sind die Bilder, die wir malen, Ausdruck der inneren Bilder, entweder der gesunden oder kranken. Auf der anderen Seite können wir die inneren Bilder auch verwandeln und heilen, wenn wir gute äußere Bilder betrachten und sie in uns einbilden. Um bei dem Baumbeispiel zu bleiben: Wenn ich gesunde und starke Bäume in der Natur meditiere, kann das eine Hilfe sein, mit der eigenen Kraft, mit den eigenen Wurzeln und mit seiner Krone, mit seiner Würde, in Berührung zu kommen. Indem ich mir gute Baumbilder einbilde, erkenne ich die guten Bilder in mir selbst, Bilder meiner Kraft, Bilder meiner Wurzeln, Bilder meiner Würde. Ich lerne in der Meditation eines starken und schönen Baumes, zu mir selbst zu stehen, mich einzuwurzeln in die Erde. Ich lerne, dass ich selbst Wind und Wetter, Sturm und Regenschauer standhalten kann, wenn ich gut verwurzelt bin. Und ich erkenne, dass manche Äste ruhig abfallen dürfen, damit die starken noch kräftiger werden.

ÜBUNG: *Such dir einen Baum aus, der dich anspricht. Stell dich vor ihn hin und meditiere ihn. Lass das Bild des Baumes in dich eindringen. Stelle dich fest auf den Boden. Spüre, wie deine Wurzeln sich tief in die Erde eingraben und dir festen Halt geben. Schaue den Stamm an. Er hält Wind und Wetter stand. Er ist vielleicht nicht ganz glatt. Er weist einige Narben auf. Auch darin kannst du dich selbst erkennen. Trotzdem trägt der Stamm die Krone. Die Krone entfaltet sich zum Himmel hin. Du bist ein Mensch der Erde und zugleich ein Mensch des Himmels. Lerne wie der Baum zu dir zu stehen. Stell dir vor, wie der Atem beim Einatmen durch deine Fußsohlen in deinen Leib strömt bis über den Kopf in den Himmel und beim Ausatmen vom Himmel zur Erde. Der Atem durchdringt dich, verbindet in dir Himmel und Erde. Wenn du das Bild des Baumes in dich einbildest, dann lernst du, zu dir zu stehen, den Stürmen und Regenschauern deines Lebens standzuhalten und aufrecht deine Krone zu tragen, die Zeichen deiner menschlichen und göttlichen Würde ist.*

Archetypen: Finde deine eigene Mitte

Seit jeher wird die menschliche Seele von archetypischen Bildern geprägt. Solche archetypischen Bilder können sein: der Held, der Krieger, der Liebhaber, der Retter, der Erlöser, die Königin, die weise Frau, die Heilerin. Und es gibt die archetypischen Bilder, die sich mehr auf Gegenstände beziehen, die aber voll innerer Symbolik sind, wie: Kreis, Kugel, Quadrat, Dreieck, Kirche, Altar. Und es gibt die archetypischen Bilder wie Himmel und Hölle, Paradies und Fegfeuer. All das sind keine Begriffe, sondern Bilder einer Wirklichkeit, über die man nur in Bildern sprechen kann.

Den Begriff des Archetyps hat in unserer Zeit vor allem der Schweizer Therapeut C. G. Jung geprägt. Dabei greift er auf den neuplatonischen Begriff »archetypon eidos = archetypisches Bild« zurück. Auch der heilige Augustinus kennt den Begriff der »ideae principales«, der ursprünglichen Bilder. Jung unterscheidet zwischen archetypischen Strukturen in der menschlichen Seele und den konkreten archetypischen Bildern, die diese Strukturen ansprechen. Die archetypischen Strukturen sind dem Menschen eingeprägt. Die archetypischen Bilder kommen von außen. Sie sind nicht vererbt. Sie sprechen nur die Strukturmuster der Seele an. Und sie zentrieren die Seele. Sie führen sie in ihre eigene Mitte, in ihr Zentrum, zum wahren Selbst des Menschen.

Josef Goldbrunner, ein katholischer Theologe, der die jungschen Ideen für die Pastoraltheologie fruchtbar gemacht hat, beschreibt die Wirkung der archetypischen Bilder so: Die archetypischen Bilder treten oft in der Analyse auf und zwar dann, wenn der Mensch in Berührung kommt mit den Tiefen seiner Seele. Die archetypischen Bilder bewegen etwas im Menschen. Sie bringen ihn in Berührung mit dem Potential, das in seiner Seele steckt. Sobald der Archetyp im Menschen wirkt, »wird der Patient frei für seine Lebensarbeit. Er fühlt wieder einen Sinn in allem, er wagt zu handeln und fürchtet nicht mehr, überall das Falsche zu erwischen. Er ist wieder instinktsicher!« (Goldbrunner 113f.) In den archetypischen Bildern hat sich die Weisheit der Jahrtausende im menschlichen Gehirn niedergeschlagen. Die Archetypen sind daher für Goldbrunner »der psychische Aspekt der Hirnstruktur«. (114) Die archetypischen Bilder sind Träger der Wahrheit des Lebens. Wer gegen sie verstößt, wird neurotisch. Das Abgleiten von der Wahrheit der Seele, die sich in den archetypischen Bildern ausdrückt, »erzeugt neurotische Rastlosigkeit; Rastlosigkeit erzeugt Sinnlosigkeit, und Sinnlosigkeit des Lebens ist ein seelisches Leiden, das unsere Zeit noch nicht in seinem ganzen Umfang und in seiner ganzen Tragweite erfasst hat«. (Jung, Ges. Werke Bd. 8, 474) Wer die archetypischen Bilder dagegen auf sich wirken lässt, den bringen sie in Berührung mit seinem wahren Selbst und mit seiner inneren Quelle. Bei dem strömt das Leben. Es gelingt. Er lebt aus der Quelle der Weisheit, die sich im Laufe der Jahrtausende in seinem Unbewusstem gespeichert hat.

Die archetypischen Bilder wirken weniger auf den Verstand als auf das Herz. Nach C. G. Jung heilt nicht die

Theorie, sondern das Bild, das das Herz berührt: »Der Kranke kann nur annehmen, was nicht nur seinen Kopf berührt, sondern auch sein Herz ergreift.« (Jung in Goldbrunner 120) Die archetypischen Bilder wirken auf den Menschen, wenn er durch seine innere Situation, entweder durch einen Leidensdruck oder durch ein tiefes Erleben dafür offen ist. Dann geschieht, was Goldbrunner so beschreibt: »Das Beste, was der analytische Prozess dem Menschen zu geben vermag, ist die eigene Entdeckung seines Wesens und dessen Elemente. Die gefundenen Lebenswahrheiten leuchten mit Evidenz unmittelbar ein und wirken dadurch auf die Persönlichkeit zentrierend wie eine Schwerkraft.« (Ebd. 121) Goldbrunner mahnt, nicht rein rational zu sprechen, sondern eine Sprache zu finden, die Urbilder aufnimmt. Nur dann erreicht das Wort die Tiefen der Seele in den Zuhörern. Nur dann kann eine Rede etwas bewirken und die Herzen erreichen. Jesus hat immer in Bildern gesprochen und daher die Menschen wirklich berührt, aufgewühlt und aufgerichtet.

Jung spricht nicht nur von archetypischen, sondern auch von ewigen Bildern: »Nur die lebendige Gegenwart der ewigen Bilder vermag der Seele jene Würde zu verleihen, die es dem Menschen wahrscheinlich macht und es ihm moralisch ermöglicht, bei seiner Seele auszuharren und überzeugt zu sein, dass es sich lohnt, bei ihr zu bleiben.« (Jung, Mysterium Coniunctionis GW 5, 119) Die archetypischen oder ewigen Bilder ermöglichen es also dem Menschen, mit sich selbst in Berührung zu sein und es bei sich selbst auszuhalten. Wer vor sich ständig davon läuft, der wird nie ein ganzer Mensch. Die archetypischen Bilder führen den Menschen zu seiner inneren Einheit. Trotz aller Konflikte spürt er sein inneres Einssein.

Archetypische Bilder sind z.B. das Bild des Helden oder Retters, der von einem »Ungeheuer verschlungen wird, aber auf wunderbare Weise wieder erscheint, nachdem er das Ungeheuer, das ihn verschluckt hatte, überwältigt hat«. (Jung, Der Mensch und seine Symbole 73) Dieses archetypische Bild wird in jedem Volk und jeder Religion auf andere Weise erzählt. Im christlichen Glauben ist Jesus der Erlöser, der von der Unterwelt verschlungen wird, der sie aber überwindet und aufersteht, um uns an seiner Auferstehung Anteil zu schenken. Weil das archetypische Muster im Menschen bereit liegt, kann es durch die biblischen Erzählungen von Tod und Auferstehung Jesu angesprochen werden. Und das ist für Jung auch der Grund, warum Christus eine so starke Wirkung auf die Menschen ausübt. Er spricht ihre tiefste Sehnsucht nach Erlösung an, die in den archetypischen Bildern seiner Seele eingeprägt ist.

C. G. Jung unterscheidet dabei die archetypischen Bilder, die wir anschauen und die uns zentrieren auf unser Selbst hin, und die archetypischen Bilder, mit denen wir uns identifizieren. Die Meditation archetypischer Bilder tut uns gut. Sie ist wesentlich für unseren Reifungsprozess. Wenn wir uns jedoch mit archetypischen Bildern identifizieren, ist das für uns gefährlich. Denn die Identifikation macht uns blind gegenüber unseren wahren Bedürfnissen. Wenn wir uns z.B. mit dem archetypischen Bild des Helfers identifizieren, merken wir gar nicht, dass wir in der

Begleitung unser eigenes Bedürfnis nach Nähe ausagieren, indem wir dem andern helfen wollen. Oder wenn eine Frau sich mit dem Archetyp der Heilerin identifiziert, wird sie sicher auf viele Menschen Eindruck machen. Sie glauben, dass von ihr eine heilende Wirkung ausgeht. Doch für sie selber kann es zerstörerisch werden. In Wirklichkeit heilt sie den andern nicht, sondern bedrängt ihn mit ihren eigenen unbewussten Bedürfnissen, die sie bei ihm auslebt. Es ist gut, sich von archetypischen Bildern bewegen zu lassen. Aber die Identifikation mit archetypischen Bildern tut uns nicht gut. Wer das Bild des Propheten in sich zulässt, der hat eine wichtige Funktion für die Gesellschaft. Er weist sie hin auf falsche Wege und Strukturen. Wer sich jedoch mit dem Bild des Propheten identifiziert, der merkt gar nicht, welchen unbewussten Machtanspruch er damit ausagiert. Ich erlebe das manchmal bei Priestern. Priester ist auch ein archetypisches Bild. Es kann Menschen, die an ihrem Selbstwertgefühl leiden, neue Kraft schenken, dass sie trotzdem im Dienst Gottes stehen und den Menschen die Botschaft Jesu verkünden. Wenn ein Priester sich jedoch mit diesem archetypischen Priesterbild identifiziert, stellt er sich über die andern. Dann agiert er sein mangelndes Selbstwertgefühl dadurch aus, dass er sich über die andern erhebt. Doch das ist kein wirkliches Selbstvertrauen, keine wirkliche Selbstständigkeit, sondern nur eine auf Kosten anderer. Er stellt sich seinen Schattenseiten nicht, sondern überdeckt sie, indem er sich mit dem archetypischen Bild identifiziert.

Die Identifizierung mit archetypischen Bildern ist also nicht so harmlos, wie es auf den ersten Blick scheint. Beim sexuellen Missbrauch, der heute ja ins Blickfeld der Öffentlichkeit gelangt ist, spielt oft die Identifizierung mit dem archetypischen Bild des Helfers oder Heilers eine Rolle: Ich mache mir vor, dass ich dem Jungen, dem Mädchen helfen will, dass ich ihm oder ihr die Nähe zeigen möchte, die es daheim bei den Eltern vermisst. Ich komme mir als der große Pädagoge oder begnadete Helfer vor. Paradoxerweise ziehen solche Menschen junge Menschen an. Doch bei allem Helfenwollen merken sie gar nicht, wie sie ihre eigenen unterdrückten Bedürfnisse nach Nähe, nach Sexualität an dem Kind ausleben. Das archetypische Bild beruhigt ihr Gewissen und macht ihm vor, dass man ja dem Kind etwas Gutes tut. Die Blindheit für die tiefe Verletzung, die man dem Kind dabei zufügt, ist das eigentliche Problem. Die Blindheit bezieht sich jedoch nicht nur auf den, der unter dem archetypischen Bild des Helfers andere missbraucht. Das Problem ist auch, dass seine Umgebung oft blind ist für das, was da abläuft. Viele Eltern meinen, das sei doch ein begnadeter Lehrer, ein sympathischer Priester, der es mit den Kindern kann. Und sie fallen aus allen Wolken, wenn sie erkennen müssen, dass dieser Lehrer oder Priester seine eigenen sexuellen Bedürfnisse am Kind befriedigt hat und, anstatt ihm zu helfen, es zutiefst traumatisiert hat.

ÜBUNG: *Betrachte den Ring, den du am Finger trägst. Er ist rund, ein Kreis. Er rundet alles in dir ab, was kantig ist an dir. Er hält zusammen, was brüchig ist. Er schafft mitten in dieser Welt, in der alles auseinander strebt, Einheit. Er bringt Getrenntes zusammen. Er hat keinen An-*

fang und kein Ende und steht so für die Unendlichkeit, für die Ewigkeit. Innerhalb des Kreises erlebten die Menschen früher Schutz vor äußeren Gefahren und vor den Dämonen. Stelle dir vor, dass der Kreis deines Ringes dich schützt vor allem, was dein Leben bedrohen möchte. Wenn du den Kreis in dich einbildest, kommst du in Berührung mit deinem wahren Selbst, das alles, was in dir auseinanderstrebt, zusammen hält. Deine innerste Mitte ist wie ein Kreis, der ohne Anfang und Ende ist. Da entdeckst du etwas in dir, was der Zeit enthoben ist, etwas Rundes, Vollkommenes mitten in deiner Brüchigkeit.

Im Gehirn verankert:
Orientierungsmuster und Leitbilder

Die moderne Hirnforschung bestätigt, dass jeder Mensch innere Bilder in sich trägt. Von der Beschaffenheit unserer inneren Bilder hängt es auch nach den Erkenntnissen dieser Disziplin ab, wie wir uns selbst erleben, wie wir unsere Beziehungen zu andern Menschen erleben. Die Bilder schaffen in unserem Gehirn Verschaltungen. Sie formen das Gehirn. Vor allem »Bilder, die in emotional stark aufgeladenen Situationen in unserem Gehirn entstehen, bleiben sehr eng mit dem limbischen System verbunden.« (Vössing 14) Wir können also durch die Bilder, die wir in uns eindringen lassen, unser Gehirn beeinflussen. Daher ist es immer wieder wichtig, auf seine inneren Bilder zu schauen, ob sie mich lähmen oder herausfordern, ob sie mich lebendig machen oder müde. Von den Bildern hängt ab, ob wir uns den Herausforderungen unseres Lebens stellen oder ob wir in uns keine Möglichkeit sehen, darauf aktiv zu reagieren. Dann geraten wir in die Passivität, es verlässt uns die eigene Kraft und wir fühlen uns müde. Der Hirnforscher Gerald Hüther schreibt: »Es gibt innere Bilder, die Menschen dazu bringen, sich immer wieder zu öffnen, Neues zu entdecken und gemeinsam mit anderen nach Lösungen zu suchen. Es gibt aber auch innere Bilder, die Angst machen und einen Menschen zwingen, sich vor der Welt zu verschließen. Es gibt Bilder, aus denen Menschen Mut, Ausdauer und Zuversicht schöpfen, und es gibt solche, die Menschen in Hoffnungslosigkeit, Resignation und Verzweiflung stürzen lassen.« (Hüther, Macht der inneren Bilder 9) So ist es unsere Aufgabe, nach den Bildern zu fragen, von denen wir uns leiten lassen. Haben wir in uns Bilder, die uns lähmen? Oder aber tragen wir Bilder in uns, die unsere Lust an der Entdeckung der Welt und unsere eigenen Gestaltungsmöglichkeiten fördern? (Vgl. Hüther 30) Die Gehirnforschung zeigt uns also, dass es auf die inneren Bilder ankommt, ob wir kreativ sind oder passiv, ob wir Kraft und Lust haben, uns zu engagieren, oder ob wir uns überfordert fühlen. Oft genug haben sich die Bilder in uns unbewusst eingeprägt. Wir haben die Bilder unserer »Vorbilder« in uns eingebildet. Manchmal haben uns diese Bilder motiviert, manchmal haben sie uns aber auch das Vertrauen und die Lust am Gestalten dieser Welt geraubt. Dann ist es wichtig, dass wir uns von diesen lähmenden Bildern befreien und uns gute Bilder einbilden. Die inneren Bilder »werden als innere Orientierungsmuster und Leitbilder im Gehirn verankert, die die Aufmerksamkeit eines Menschen in eine bestimmte Richtung lenken, Einfluss auf seine Entscheidungen haben und insgesamt sein Denken und Handeln prägen.« (Vössing 17)

Eine Frau hat in sich das Bild, dass alle Arbeit für sie zu viel ist, dass sie der Arbeit an der neuen Stelle nicht gewachsen ist. Sie geht schon mit diesem inneren Bild in die Arbeit und erfährt immer wieder, dass sie dann an der neuen Arbeitsstelle scheitert. Es wird ihr immer schnell zu viel. Sie hat das Gefühl, sie schaffe die Arbeit nicht mehr. Doch wenn ich von außen die Situation betrachte, so ist die Arbeit nicht in sich zu viel. Objektiv gesehen könnte die Frau die Arbeit gut leisten. Doch ihre inneren Bilder – »Zuviel« – »Ich kann nicht mehr« – »Alle beobachten mich und beurteilen mich« – rauben ihr die Energie. Die Bilder, die sie in sich trägt, bestätigen ihre Erfahrungen, die sie immer wieder macht. Doch von außen gesehen könnte man sagen: Die Bilder bewirken die Erfahrungen des Scheiterns. Man spricht in diesem Zusammenhang von sich selbst erfüllenden Prophetien. Wer mit so einem inneren Bild in die Arbeit geht, dass alles zu viel ist und dass er das unmöglich schafft, der wird sich in Situationen hinein manövrieren, in denen es für ihn tatsächlich zu viel wird. Die innere Vorstellung lähmt ihn und raubt ihm Energie.

Die Erfahrung zeigt, dass Menschen, die sehr lange vor dem Fernseher sitzen oder im Internet surfen, in ihrer Arbeit und in der Bewältigung ihres Lebens passiver sind als andere. Die Tatsache, dass sie sich ständig von äußeren Bildern berieseln lassen, schneidet sie von den inneren Bildern ab, schneidet sie von der inneren Quelle ab. Jeder von uns hat in sich eine Quelle göttlicher Kraft – das Christentum nennt sie Quelle des Heiligen Geistes –, aus der wir schöpfen, ohne erschöpft zu werden. Der übertriebene Medienkonsum verstopft diese Quelle. Es legen sich so viele Bilder darüber, dass mein inneres Bild darunter verblasst. Die inneren Bilder können sich nicht mehr positiv auf mein Verhalten und meine Arbeit auswirken. Daher fühle ich mich schlapp und überfordert. Das Bild des Berieseltwerdens nimmt man oft unbewusst in die Arbeit mit. Dann aber wird die aktive Herausforderung für den, der das Bild des passiv Hinnehmenden in sich trägt, eine Überforderung.

3.
Bilder, die am Leben hindern

Selbstentwertung
und Selbstüberschätzung

Die archetypischen Bilder berühren uns vor allem in Lebenssituationen, in denen es um eine Änderung oder Verwandlung geht, vor allem in den Übergängen unseres Lebens. Im Alltag tragen wir jedoch viele andere Bilder in uns, Bilder, die sich in uns durch die Erziehung eingebildet haben, Bilder, die wir uns selbst eingebildet haben. Die Bilder sind oft durch Worte der Eltern in uns eingeprägt worden. Worte wie »Du schaffst das nie, mit dir kann es keiner aushalten, du bist nicht schön genug für eine attraktive Frau, du bist kein richtiger Mann« wirken sich in Bildern der Selbstentwertung aus. Die Bilder werden verinnerlicht und ich sage mir dann vor: »Ich bin unmöglich. Ich schaffe das nie. Ich bin kein richtiger Mann.«

Aber nicht nur die selbstentwertenden Bilder schaden uns, sondern auch die Bilder der Selbstüberschätzung. Es gibt Eltern, die alles, was die Kinder sagen oder tun, immer mit Superlativen kommentieren: »Du hast das toll gesagt. Du bist ein weises Kind. Du bist der Beste, die Beste.« Und alles, was die Kinder tun, wird bewundert, es zeuge von einem hochbegabten, sensiblen, weisen Kind, ja von einem Wunderkind. Solche Größenbilder tun dem Kind nicht gut. Entweder überschätzt es sich selbst und lebt in einer Scheinwelt. Oder aber seine Durchschnittlichkeit holt es ein und gibt ihm ein Gefühl von Unzulänglichkeit. Ich genüge nicht. Ich entspreche nicht den Bildern und Erwartungen, die meine Eltern in mich gesetzt haben.

In der Begleitung bin ich immer hellhörig, wenn Menschen mir von ihren inneren Bildern erzählen. Manchmal sprechen sie nicht ausdrücklich von ihren Bildern, die sie prägen. Aber ich merke, dass die Bilder, die sie unbewusst in sich tragen, die Ursache sind für ihre jetzige Situation, für ihre Schwierigkeiten, für ihr Gefühl von Überfordertsein, für ihre Unzufriedenheit mit sich und mit dem Leben. Oft versuche ich beim Zuhören, mir die Bilder vorzustellen, die diese Menschen in sich tragen, die Bilder, die sie sich von ihrer Wirkung nach außen, die sie sich von ihren Fähigkeiten und die sie sich von sich selbst gemacht haben.

In Gesprächen jammern mir die Leute oft vor: »Es geht mir so schlecht. Ich bin zu nichts fähig. Ich sitze nur herum und fühle mich kraftlos.« Wenn ich dann genau nachfrage, warum es ihnen so schlecht gehe, dann erkenne ich im Gespräch, dass es die Nichterfüllung ihrer inneren Bilder ist, die sie nach unten zieht. Eine Frau meint, sie müsse ihr Leben meistern, sie sei nur wertvoll, wenn sie sich als Mutter von Kindern vor andern zeigen kann. Doch sie ist nicht Mutter geworden – aus welchen Gründen auch immer. Jetzt fühlt sie sich schlecht und wertlos. Sie ist so fixiert auf die Nichterfüllung ihrer inneren Bilder, dass sie aus dem, was sie ist, gar nichts macht. Sie könnte die Situation ja auch anders sehen. Sie könnte sich sagen: Gut, der Wunsch nach Familie und Muttersein ist nicht in Erfüllung gegangen. Aber wer bin ich denn sonst außer Mutter und Ehefrau? Welche Fähigkeiten stecken in mir? Was möchte ich mit meinem Leben vermitteln? Wir sind so stark fixiert auf die inneren Bilder, die wir von uns haben, dass wir uns nicht aussöhnen können mit unserem Leben, so wie es ist. Wenn wir uns mit der Situation aussöhnen, könnte es uns gut gehen.

Eine andere Frau klagt ständig, weil sie kaum einem Arbeitsplatz gewachsen ist. Kaum hat sie eine Arbeit gefunden, gibt es Überforderungen. Und dann fängt die Selbstbeschuldigung an: Ich tauge zu nichts. Ich kann mein Leben nicht meistern. Im Gespräch wird klar, dass die Frau in sich immer noch das Bild einer funktionierenden Frau hat. Sie muss immer die Erwartungen der andern erfüllen. Es wäre wichtig, sich auszusöhnen mit ihrer Begrenztheit. Dann würde sie nicht ständig scheitern. Ihr Scheitern hängt mit ihren zu großen Bildern von sich zusammen. Wenn sie sich mal müde fühlt, sagt ihr das innere Bild von der funktionierenden Frau, dass sie dem Leben nicht gewachsen ist. Anstatt sich der Müdigkeit zu stellen und sich die Grenzen zu setzen, die sie für sich braucht, gibt sie sich selbst auf. Sie ist so enttäuscht über sich, dass sie das Leben nicht schafft. Doch sie gibt nicht zu, dass sie sich mit dem Bild getäuscht hat, das sie von sich in sich trägt. Sie vergräbt sich in ihre Enttäuschung, weil sie sich nicht von dem Bild verabschieden möchte, mit dem sie sich identifiziert hat.

Einer anderen Frau geht es schlecht, weil der Sohn ihr Schwierigkeiten macht. Die Probleme des Sohnes sind tatsächlich für die Mutter belastend. Aber die Mutter fühlt sich ohnmächtig. Sie klagt sich selber an, dass sie alles verkehrt gemacht hat. Sie sei eine schlechte Mutter. Alles habe nichts genutzt. Wenn ich diese Worte auf mich wirken lasse, erkenne ich in ihnen auch zu große Bilder. Letztlich steckt dahinter das Bild: Die Erziehung muss immer gelingen. Ich muss eine perfekte Mutter sein, die alles im Griff hat, die ihre Kinder zur Lebenstauglichkeit erzieht. Wenn ein Sohn dagegen rebelliert, stürzen diese Bilder in sich zusammen. Dann sieht man alles nur noch negativ. Es wäre wichtig, realistische Bilder zu entwickeln: Ich tue, was ich kann. Ich gebe, was ich geben kann. Vielleicht genügt es nicht für den Sohn. Aber es ist auch seine Verantwortung, mit dem, was ich ihm gebe, etwas zu machen. Ich muss nicht alle seine Defizite ausgleichen. Er muss für sich selbst Verantwortung übernehmen.

Ein Mann war sehr begabt. Nach dem Abitur studierte er Jura. Doch beim Studium kam er an seine Grenzen. Statt die Grenzen zu akzeptieren und sich einen Plan zurecht zu machen, wie er die Herausforderung des Studiums bewältigen könnte, gab er das Studium auf. Es kann ja durchaus einmal richtig sein, das Studium aufzugeben, wenn man erkennt, dass man nicht seinem Herzen gefolgt ist, sondern nur den Erwartungen der Eltern oder seinem eigenen Ehrgeiz. Doch bei diesem Mann war der Grund für die Aufgabe, dass er an seinem Bild des hochbegabten Mannes festhielt. Weil das Studium dieses Bild nicht bestätigt hat, gab er das Studium auf. Doch beim nächsten Studienfach kam er in die gleiche Situation, dass er sich überfordert sah. Er fing eine Lehre an, arbeitete zunächst erfolgreich im Beruf. Doch dann kam er da auch an seine Grenzen. Jetzt hat er alles aufgegeben und jammert, dass er am Leben vorbei gelebt hat. Er ist nicht bereit, sich von den Bildern zu verabschieden, die er in sich trägt. Seine

Aufgabe wäre, sich vom Bild des hochbegabten Überfliegers zu verabschieden, seine Fähigkeiten und seine Grenzen dankbar anzunehmen und sich ein angemessenes Bild von sich zu machen.

Ein anderer junger Mann war im Gymnasium immer ein Überflieger. Er musste gar nicht viel lernen. Trotzdem machte er glänzende Prüfungen. Er schloss das Abitur als Klassenbester ab. Doch beim Studium fiel er durch eine Prüfung. Das hat sein Selbstbild so zerstört, dass er nicht mehr mit seinem Leben zurecht kam. Er musste schmerzlich erkennen, dass ihm nicht mehr alle Türen offen standen und die Leute nur auf ihn warteten. So sah er keinen anderen Ausweg als den Suizid. Es tut weh, sich von alten Bildern zu verabschieden und realistische Bilder von sich zu entwickeln. Aber wenn wir nicht bereit sind, uns von übertriebenen Bildern zu lösen, werden wir scheitern. Denn wir werden wohl nie eine völlige Übereinstimmung zwischen idealem Bild und wirklichem Leben erreichen.

In einem Artikel über »Die Tiefstaplerinnen« erzählt Birgit Schönberger, wie sich manche Frauen das Leben schwer machen, weil sie in sich negative Bilder tragen. Sie berichtet von einer Professorin, die glänzende Vorlesungen hält und bei den Studenten gut ankommt. Doch in ihrem Kopf spielt sich ein Drama ab. Da denkt sie ständig: »Was fällt mir ein, Studenten zu unterrichten? Ich tue doch bloß so, als ob«. (Schönberger, Psychologie heute 2011/1, 33) Sie hat ständig Angst, als Schwindlerin entlarvt zu werden. Die Psychologen nennen dieses Phänomen »Hochstaplersyndrom«. Da sind Frauen hochbegabt und bringen eine sehr gute Leistung. Aber in ihrem Kopf sind Bilder, die alles, was sie tun, entwerten. Da tauchen Bilder auf wie: Du bist eine Betrügerin, eine Versagerin. Du machst den Leuten doch nur etwas vor. Solche inneren Bilder kosten viel Energie. Und sie nehmen der Frau die Freude an dem, was sie tut. Die Professorin, die mit summa cum laude promoviert hat, sackt nach der Vorlesung, wenn sie wieder allein im Büro ist, »in sich zusammen, vollkommen erschöpft, weil alle Energie ins Verstecken geflossen ist. Niemand soll merken, dass sich hinter der souveränen Fassade eine unsichere Frau verbirgt, die darauf wartet, als Schwindlerin entlarvt zu werden«.

Schädigende Bilder erkennen und verwandeln

Die Bilder, die wir in uns tragen, haben sich langsam in uns eingeprägt durch die vielen Worte und Botschaften, die wir von den Eltern und von unserer Umgebung bekommen haben. Um diese tief in unserer Seele verankerten Bilder wieder aufzulösen, braucht es Geduld. Denn wir sind mit diesen Bildern so zusammen gewachsen, dass wir uns schwer tun, uns von ihnen zu verabschieden. Ja, viele tun sich schon schwer, diese Bilder überhaupt in ihrer krankmachenden Wirkung zu erkennen. Manchmal war es auch nur ein Wort, das sich uns tief eingeprägt hat.

Eine junge Frau erzählte mir, dass die Mutter einmal zu ihr in ihrer Erregung gesagt hat: »Du warst gar nicht gewollt. Ich hätte es leichter, wenn du nicht gekommen wärest.« Der Mutter hat dieses Wort später leid getan. Aber es war ausgesprochen. Und so hat es sich in die Frau tief eingeprägt. Bei vielen Gelegenheiten kam dieses Wort in ihr wieder hoch. Und das Leben bestätigte ihr ständig dieses Bild »Ich bin nicht gewollt«.

Walter Kohl, der Sohn des ehemaligen Bundeskanzlers Helmut Kohl, erzählt in seinem Bericht über sein Leben zwei prägende Situationen, die sich in ihm als innere Bilder eingeprägt haben. Da war einmal die Einschulung am ersten Schultag, als alle Kinder ihn mit musternden und ablehnenden Blicken anstarrten. Er spürte langsam, dass die Ablehnung nicht ihm, sondern seinem Vater galt. Diese Erfahrung erschwerte es ihm, seine eigene Identität zu finden. Die Reaktion der Menschen galt nie ihm selbst, sondern immer dem »Sohn vom Kohl«. Die andere Erfahrung, die sich tief in ihn eingeprägt hat, war die Reaktion des Vaters auf seine Erzählungen von den Schikanen der Mitschüler: »Du musst stehen!« (Kohl 31) Er spürte, dass er nicht auf den Beistand des Vaters rechnen konnte, sondern allein stand gegen die Angriffe von außen. Er schreibt zu der Wirkung dieses Satzes: »Du musst stehen, das ist so ein Satz, mit dem ein Elternteil seine pädagogischen Maximen dem eigenen Nachwuchs in unmissverständlicher Weise mitteilt. Ein Satz, der so tief ins Gemüt sinkt, dass er dort seine verborgene Wirkung entfaltet, auch wenn der heranwachsende Mensch ihn längst vergessen zu haben scheint. Ein Satz, der einem wieder einfällt, wenn man im Nachhinein merkt, dass er gerade das eigene Verhalten unbewusst gelenkt hat.« (Kohl 31f.)

In der Therapie geht es darum, die verinnerlichten Bilder zu erkennen und zu bearbeiten. Diese Bilder haben sich in unserer Kindheit in unsere Seele eingeprägt. Oft sind diese Bilder durch Worte entstanden, die wir gehört haben. Eine Aufgabe der Therapie besteht darin, die Worte, die wir ständig gehört haben, zu entlarven, und andere Worte dagegen zu setzen. Jeder von uns hat in seinem Leben Segensworte und Fluchworte gehört. Fluchworte waren etwa: »Du bist eine Last für uns. Du wirst schon sehen, wohin du mit deiner Faulheit kommst. Mit dir kann es niemand aushalten. Du bist unmöglich. Du tickst nicht richtig. Du bist böse. Du bist vom Teufel besessen.« Solche Worte haben sich in uns als innere Bilder eingeprägt. Oft können wir zwischen Worten und Bildern nicht mehr unterscheiden. Weil ich ständig solche Worte gehört habe, hat sich in mir das Bild eines unmöglichen Menschen gebildet, oder das Bild einer funktionierenden Frau, eines bösen Mädchens, eines Mannes, der nicht richtig ist, der alles verkehrt macht. Die Psychologie spricht hier auch von Lebensskript. Solche Skriptsätze werden oft zu inneren Bildern. Die Bilder und die Worte gehören zusammen.

Die erste Aufgabe in der therapeutischen oder seelsorglichen Begleitung besteht darin, sich dieser inneren Bilder bewusst zu werden. Ich schaue die Bilder an, die sich in mich eingeprägt haben. Ich wiederhole mir die Worte, die ich als Kind ständig gehört habe. Ich fühle den inneren Schmerz, den mir diese Worte bereitet haben. Ich spüre mich in das kleine Kind hinein, das ständig mit solchen Worten bedacht worden ist. Wie habe ich mich da gefühlt? Was hat das mit mir gemacht? Mir erzählte eine Frau, wie sehr sie das Wort der Mutter ihr Leben lang verunsichert hat: »Du bist nicht richtig. Irgendetwas machst du falsch, weil bei dir so vieles schief läuft.« Dieses Wort ist zu einem inneren Bild geworden. Es bestätigte sich immer wieder, indem auch später manches nicht so lief, wie sie es sich erhofft hatte. Indem ich mir dieses Wort bewusst anschaue, kann ich mich selbst verstehen, warum ich oft so oder so reagiere. Und nur wenn ich mich verstehen kann, kann ich zu mir stehen.

Die zweite Aufgabe wäre, in meiner Kindheit auch nach Segensworten zu forschen, die sich dann als heilsame Bilder in mich eingeprägt haben. Oft haben die Eltern uns gelobt: »Du bist ein braves Kind. Das hast du gut gemacht. Du kannst das. Du bist ein Segen für die Familie. Es ist gut, dass es dich gibt.« Oft waren es auch die Großeltern, die viel freigiebiger waren mit Lob und guten Worten. Sie haben uns vermittelt, dass wir so sein dürfen, wie wir sind. Sie haben unsere Fähigkeiten verstärkt und uns einen Schutzraum vermittelt, in dem wir uns geborgen und angenommen fühlten. Manchmal waren es nicht laut gesprochene Worte, sondern mehr die Atmosphäre, die uns solche positiven Worte und Bilder eingeprägt haben. Da haben sich dann Bilder in uns eingeprägt wie: »Das Leben ist schön. Ich lebe gerne. Ich bin angenommen. Ich werde geliebt. Ich darf so sein, wie ich bin. Ich bin einzigartig. Die Leute freuen sich über mich. Ich kann etwas bewirken. Ich kann Leuten Freude machen, sie aufheitern. Ich bin ein Segen für andere.« Gott sei Dank darf ich in Begleitungsgesprächen manchmal auch so positive Beispiele hören. Da erzählt ein Mann von seinem Vater, der ihm immer gesagt hat: »Du schaffst das.« Aber dieses Wort war keine Überforderung. Es war gepaart mit dem andern Wort: »Rom ist auch nicht an einem Tag erbaut worden.« Der Vater ließ dem Sohn die Zeit zu lernen. Aber die Hoffnung, dass er sein Leben in die Hand nimmt und dass es gelingt, hat sich in diesen Mann tief eingeprägt.

ÜBUNG: *Setze dich still hin und schließe die Augen: Welche Bilder von dir selbst tauchen in dir auf? Lass die Bilder einfach in dir hochkommen und schaue sie an. Was haben sie mit dir gemacht? Haben sie dir gut getan? Hatten sie eine positive Funktion für dich? Haben sie dich angetrieben, etwas aus dir zu machen? Stimmen sie heute noch für dich? Oder lähmen sie dich, überfordern sie dich? Lass sowohl positive wie negative Bilder in dir aufsteigen. Schaue die negativen Bilder so lange an, bis sie sich wandeln in ein Bild, mit dem du jetzt zufrieden bist. Bilde die positiven Bilder in dich ein, damit sie dich immer mehr prägen. Dann bitte Gott, dass er dich zu dem einmaligen Bild führt, das er sich von dir gemacht hat. Welches innere Bild entspricht diesem einzigartigen Bild Gottes am meisten? Bilde dir dann dieses Bild in dich ein. Es wird in dir einen tiefen inneren Frieden erzeugen.*

Äußere Räume, Seelenräume

Nicht nur die Worte, die wir als Kind gehört haben, prägen sich uns als Bilder ein. Es ist auch die äußere Umgebung, die unsere inneren Bilder beeinflusst. Das Kind nimmt unbewusst die Bilder seiner Umgebung in sich auf. Da sind die Bilder der Landschaft, in der das Kind aufwächst. Jede Landschaft prägt den Charakter der Leute, die darin wohnen. Diese Prägung geht über die Bilder, die sich unbewusst in das Kind einbilden. Aber auch das Bild der Stadt, in der das Kind wohnt, wirkt sich auf die innere Bilderwelt aus. Und es sind die Bilder der sozialen Umwelt. Die Menschen, mit denen das Kind zu tun hat, beeinflussen es. Da gibt es Kinder, die nur in gehobenen Kreisen verkehren. Andere Kinder werden von der Dorfgemeinschaft ausgeschlossen, weil sie zugezogen sind. Vielen Flüchtlingen ging es nach dem Krieg so. Sie fühlten sich nur geduldet. Sie mussten besonders brav sein, um überhaupt überleben zu können. Dieses Bild »du musst brav sein, dich anpassen, keinem einen Anlass zur Kritik liefern« hat sich damals in vielen Flüchtlingskindern eingeprägt und ihr Leben bis ins hohe Alter geprägt.

Wenn jemand am Meer aufwächst, prägen sich andere Bilder ein als wenn jemand im Gebirge groß wird. Die Schwarzwaldhäuser, die ihre Dächer weit nach unten ziehen als Schutz vor Regen und Sturm, haben sich oft als Bild von Geborgenheit, aber manchmal auch von Enge oder von etwas Bedrückendem in das Herz des Kindes eingeprägt. Wenn ich in weiten und hellen Räumen aufwachse, kann sich diese Weite und Helle und Freiheit in meine Seele einbilden. Wenn ich ständig in dunklen Räumen hause, kann dies auch mein Inneres verengen und verdüstern. Für mich war es immer wichtig, im Freien zu spielen. Wir hatten um unser Haus einen großen Garten, in den auch die Nachbarkinder kamen, um mit uns zu spielen. Wir kamen immer auf neue Ideen, wie wir unsere Spiele gestalten wollten. Diese Weite und Frische der Natur, die Freiheit, die ich da erfahren habe, die Lebendigkeit und die Lust, immer Neues auszuprobieren, haben sich als innere Bilder in mich eingeprägt. Dafür bin ich heute noch dankbar. Denn das macht manches im Leben leichter.

Das Haus, in dem ich groß geworden bin, prägt mich. Viele erzählen mir, dass sie oft umgezogen sind. Manchmal konnten sie gar nicht einwurzeln. Oder aber sie haben das Gefühl, dass sie in dieser oder jener Wohnung sich nicht wohl gefühlt haben. Aber als sie das Haus gebaut hatten, da entstand Heimat. Da konnten sie sich entfalten. Alle diese Erfahrungen prägen sich als Bilder in uns ein. Ein Mann erzählte von der Wohnung, in der er die ersten Jahre seines Lebens verbracht hat. Sie war eng und unfreundlich, feucht und kalt. Da kam nie ein Gefühl von Heimat und Geborgenheit auf. Erst der Umzug in das selbst gebaute Haus hat ihm ein Gefühl von Heimat geschenkt. Dort lebte er auf. Doch schon bald wurde das Bild des schönen und weiten Hauses belastet durch die sich anbahnende Ehekrise und schließlich durch die Scheidung der Eltern. Diese Erfahrung hat sein Bild von schönen Häusern und sein Bild von Geborgenheit immer verdunkelt. Er konnte sich kaum irgendwo daheim fühlen, aus Angst, die Heimat würde ihm wieder von außen genommen. Gott würde ihm die Heimat nicht gönnen.

Wir wissen heute, dass Bauten sich auf unsere Psyche auswirken. In einem Stadtviertel, das baulich zerfällt, wird sich schon bald Kriminalität festsetzen. Wenn die Stadt ohne Kultur ist, werden auch die Menschen darin kulturlos. Umgekehrt, wenn die Stadt ein gutes Flair hat, wirkt sich das auch auf die Menschen aus. Eine gute Architektur hat positive Auswirkungen auf die Menschen. Das erlebe ich in den Gästehäusern, in denen ich Kurse halte. Die Art der Architektur wirkt sich auf die Menschen aus, die die Kurse in diesem Haus besuchen. Die Bilder, die die Menschen in so einem Haus unbewusst in sich aufnehmen, wirken sich belebend oder lähmend, aufbauend oder niederdrückend, weitend oder einengend auf ihre Seele aus.

Genauso wichtig wie die Wohnungserlebnisse sind die Kirchenerfahrungen. Unsere Heimatkirche hat sich in uns eingeprägt, manchmal als Geborgenheit, manchmal als etwas Bedrückendes. Es war der Raum, die Atmosphäre, der Geruch, die Bilder und Figuren an den Wänden. Die Stimmung der Gottesdienste hat sich in uns eingeprägt und das Bild der Kirche mitbestimmt. All das nehmen wir als Kind in uns auf. Wenn wir als Erwachsene andere Kirchen betreten, dann nehmen wir wahr, wie sich der äußere Raum in uns einprägt, wie er mit dem inneren Raum unserer Seele korrespondiert. Eine romanische Kirche bringt uns in Berührung mit dem Gefühl von Geborgenheit und Mutterschoß. Die gotische Kirche weckt in uns die innere Weite. Die Barockkirche lässt uns das eigene Innere voller Buntheit erleben. Alles, was wir außen erleben, prägt sich immer auch als Bild in uns ein. Es ist eine gute Übung, wenn wir etwa beim Besuch von Kirchen genau in unser Herz hineinspüren und uns fragen: »Welche Gefühle löst das in mir aus? Welche Erinnerungen tauchen da in mir auf? Sind es positive Gefühle von Geborgenheit, Transzendenz, Geheimnis, Liebe, Schönheit? Oder steigen da Gefühle der Beklemmung und Bedrohung in mir auf?« Durch die äußeren Räume entdecke ich innere Räume und innere Bilder meiner Seele. Auf diese Weise kann ich meine inneren Bilder bearbeiten, mich von negativen Bildern distanzieren und die positiven bestärken.

ÜBUNG: *Besuche deinen Heimatort, an dem du als Kind gelebt hast oder in der Zeit, die dich am meisten geprägt hat. Schau den Ort an. Was für Gefühle vermittelt er dir? Welche Bilder steigen in dir auf? Dann schaue in die Landschaft, die deinen Ort umgibt. Was ist typisch für diese Landschaft? Wie weit hat sich die Landschaft in dein Herz eingeprägt? Welchen Geschmack hinterlässt die Landschaft in dir? Dann setze dich in die Kirche deiner Heimat, in der du als Kind oft warst, in der du die Erstkommunion oder Konfirmation erlebt hast. Wie fühlst du dich heute, wenn du in dieser Kirche sitzt? Welche Erinnerungen tauchen auf? Welche Bilder haben dich als Kind fasziniert? Wie siehst du diese Bilder heute? Dann schließe die Augen*

und schaue in dich selbst hinein und stelle dir vor: Ich bin
diese Kirche. Sie ist in meiner Seele. Ich bin der Raum, in
dem Gottes Herrlichkeit wohnt. Ich bin Tempel Gottes. In
mir erklingen die Lieder, die hier in dieser Kirche gesungen
worden sind. Ich bin geprägt durch diesen Raum und alles,
was sich hier abgespielt hat.

Träume können Augen öffnen

Träume haben auch eine auffordernde Kraft. Oft decken sie uns auf, dass wir in uns Bilder tragen, die uns nicht gut tun. Eine Frau träumte, dass sie im Traum zwischen zwei Parteien vermitteln sollte. Doch beide Parteien waren nicht bereit, miteinander zu sprechen. Und sie saß im Traum letztlich zwischen allen Stühlen, von beiden Parteien angefeindet. Dieser Traum öffnete ihr die Augen, dass sie auch in ihrer Arbeit oft zwischen den Stühlen sitzt. Sie möchte zwischen verschiedenen Gruppierungen in ihrer Arbeitswelt vermitteln. Doch beide Seiten lassen sie letztlich im Regen stehen. Der Traum gab ihr Mut, sich von diesem inneren Bild, das sich in ihr eingeprägt hatte – wodurch auch immer –, zu verabschieden und Bildern in sich zu trauen, die sie unterstützten. Doch dieser Prozess, sich von alten Bildern zu verabschieden, ist nicht nur schmerzlich. Er dauert auch lange. Denn die alten Bilder melden sich immer wieder zu Wort. Sie haben sich so tief in die Seele eingeprägt, dass sie unwillkürlich immer wie-

Bilder, die am Leben hindern

der auftauchen, wenn wir bestimmte Tätigkeiten vollziehen. Es braucht Übung, diese Bilder dann anzuschauen und zu sagen: »Ja, dieses Bild ist mir vertraut. Das kenne ich. Aber jetzt folge ich ihm nicht. Jetzt traue ich mir, meinem Herzen zu folgen und nicht den Bildern, die mich so lange überfordert haben.«

Die Träume erinnern nicht nur an Bilder, die sich uns als Kinder eingeprägt haben. Sie zeigen uns auch, welche Bilder heute in uns sind. Da träumen wir von einem unaufgeräumten Zimmer, in dem es chaotisch aussieht. Das ist ein Bild für das innere Chaos unserer Seele. Oder aber wir träumen von einer neuen Wohnung, die weite Räume hat. Es ist die Verheißung, dass sich in uns etwas weitet. Alle Traumbilder zeigen mir, welche Bilder mich innerlich prägen. Das Bild des Autos, das ich geparkt habe und nicht mehr finde, zeigt mir, dass ich mein Selbst verloren habe. Verfolgungsträume weisen mich auf meine Schattenseiten hin, vor denen ich davonlaufe. Es ist gut, all diese Traumbilder zuzulassen. Sie führen mich in meine eigene Wahrheit. Sie machen mich demütig. Denn nach außen zeige ich oft nur meine positiven Bilder. Doch in mir gibt es auch noch andere Bilder. Diese Bilder, auf die mich meine Träume verweisen, soll ich Gott hinhalten, damit Gottes Licht dann auch in diese inneren Bilder, vor allem in die dunklen und chaotischen Bilder eindringen und mein Inneres verwandeln kann. Die Träume zeigen mir jedoch nicht nur chaotische, verletzte, bedrängende Bilder, sondern oft auch helfende und heilende Bilder. Wenn ich etwa vom Kind träume, das ich auf dem Arm trage, dann sagt mir der Traum, dass ich in Berührung komme mit dem inneren Kind, dass etwas Neues in mir heran reift, dass ich dabei bin, authentisch zu werden. Oder Träume von innerem Licht zeigen mir, dass auf dem Grund meiner Seele das göttliche Licht scheint, dass der Glaube nicht nur etwas Aufgesetztes ist, sondern schon tief in mein Unbewusstes vorgedrungen ist.

Es ist gut, auf die eigenen Träume zu hören und die Bilder zu meditieren, die im Traum auftauchen. Dabei geht es nicht darum, jeden Traum deuten zu wollen. C. G. Jung sagt, durch die Deutung verstärke sich die Wirkung des Traumes. Doch der Traum wirkt auch ohne eine solche rationale Unterstützung. Daher genügt es oft, sich die Bilder der Träume nochmals einzubilden, sie zu betrachten und sich immer vorstellen: Das bin ich. Das Bild drückt etwas von mir aus. Das chaotische Zimmer drückt meinen inneren Zustand aus. Die vereisten Straßen zeigen meine vereisten Gefühle. Ich stelle mich diesen Bildern und halte die Bilder Gott hin, damit sein Licht diese Bilder verwandeln möge. Es ist auch gut, wenn ich meine Träume andern erzähle. Sie müssen sie nicht deuten. Es genügt, wenn sie ihre Assoziationen zu meinem Traum sagen. Ich soll mir von andern nicht die Deutung aufdrängen lassen. Nur bei den Assoziationen, bei denen mein Herz innerlich zustimmt, soll ich stehen bleiben und sie auf mich wirken lassen. Mein Herz weiß letztlich selbst, was der Traum bedeutet. Doch manchmal brauche ich die Anregungen von außen, um dann dem eigenen Gefühl trauen zu können. Die erste Reaktion auf einen Traum ist oft erschreckend, etwa wenn ich im Traum sterbe. Doch im Gespräch mit andern werde ich erkennen, dass meine alte Identität

Bilder, die am Leben hindern

stirbt, dass ich daran bin, Altes loszulassen, um mehr und mehr ich selbst zu werden. Ich darf vertrauen: Nur die Traumdeutung stimmt, die sich in meinem Herzen stimmig anfühlt.

Vorstellungen, die verletzend werden

Die stoische Philosophie hat einen Satz geprägt, der uns auf den ersten Blick allzu rational erscheint: »Keiner kann dich verletzen außer du selbst. Nicht die Menschen verletzen dich, sondern die dogmata (die Bilder, die Vorstellungen), die du vom Menschen hast, verletzen dich.« Weil wir vom andern falsche Bilder haben, fühlen wir uns oft von ihm verletzt, obwohl er das gar nicht möchte. Ein Beispiel: Der Mann kommt müde von der Arbeit nach Hause. Er denkt: Die Frau müsste doch merken, dass ich müde bin und meine Ruhe brauche. Doch die Frau macht ihn aufmerksam auf Reparaturarbeiten, die im Keller oder in der Küche anstehen. Er fühlt sich von seiner Frau verletzt, überfordert. Und der Ärger in ihm wächst. Er denkt, die andern würden nicht sehen, wie es ihm geht. Die Frau hat sich den ganzen Tag um die Kinder gekümmert. Wenn der Mann kommt, denkt sie: Der könnte sich jetzt auch endlich mal mit den Kindern abgeben. Doch er tut es nicht. Die Frau fühlt sich vom Mann verletzt. Die Vorstellung, die sie von ihm hatte, ist nicht erfüllt worden. Die Frau erwartet vom Mann, dass er sie wahrnimmt. Und der Mann erwartet von der Frau, dass sie sich in ihn einfühlt und ihn fragt, wie es ihm geht. Er kommt mit dem Bild nach Hause, daheim eine liebende Frau zu haben, die ihn tröstet. Wolfgang Schmidbauer meinte einmal in einem Vortrag, manche Männer würden ihre Frauen als Naherholungsgebiet sehen. Sie kämen mit dem Bild nach Hause, sich bei ihrer einfühlsamen Frau erholen zu können. Doch diese Vorstellung wird ständig enttäuscht. Denn die Frau ist seine Partnerin, die ihm gegenüber steht, die auch Erwartungen an ihn hat. Sie erwartet vom Mann, dass er sie wahrnimmt mit ihren Bedürfnissen, dass er sie schätzt. Die Verschiedenheit der Vorstellungen, die Mann und Frau von einander haben, ist oft die Ursache von Konflikten, von Streitereien oder aber der Auslöser einer langsamen Entfremdung. Die Bilder sind nicht kompatibel. Sie stimmen nicht überein. So laufen die inneren Programme weiter ab, aber aneinander vorbei.

Eine junge berufstätige Mutter erzählte mir: Sie kommt oft müde von der Arbeit nach Hause. Es gab Probleme bei der Arbeit. Sie möchte daheim gerne erzählen, wie es ihr erging. Doch die Kinder haben andere Erwartungen an die Mutter. Die Kinder haben das Bild, dass die Mutter ganz für sie da ist und ihnen zuhört. Manchmal kommt ihr Mann dann wenig später missgelaunt nach Hause. Sie möchte ihm gerne erzählen, was sie bedrückt. Aber er ist so mit sich selbst beschäftigt, dass sie es nicht wagt oder dass sie es nach dem ersten missglückten Versuch wieder aufgibt. Manchmal kommt ihr Mann auch strahlend nach Hause. Ihm ist alles gelungen bei der Arbeit. Doch auch dieses Bild nervt die Frau. Denn sie hat den Eindruck, diesem Strahlemann kann ich meine Probleme nicht erzählen. Da komme ich mir klein vor. Sie vergleicht sich mit ihrem Mann und schneidet schlecht ab. Beide Bilder blockieren den Austausch und hindern sie, in ihrem Mann in diesem Augenblick den Partner zu sehen, dem sie das, was sie bedrückt, erzählen könnte.

Die Nichterfüllung unserer Vorstellungen – gleich ob von uns selbst oder vom andern – verletzt uns. Natürlich darf ich diesen Satz nicht verallgemeinern. Denn es gibt ja auch absichtliche Verletzungen. Weil ich selbst verletzt bin, gebe ich die Verletzungen weiter. Oder aber ich fühle mich vom andern verletzt. Damit er mich endlich wahrnimmt, verletze ich ihn auch. Aber auch dann haben diese Verletzungen mit Bildern zu tun. Bei manchen Verletzungen habe ich das Bild von Macht in mir. Ich möchte meine Macht über den andern zeigen. Manche Männer werden dann von ihrem Potenzgehabe dazu getrieben, ihre Frauen zu verletzen. Frauen verletzen Männer manchmal, weil sie ein zu kleines Bild von sich haben. Sie fühlen sich den Argumenten des Mannes nicht gewachsen. So suchen sie andere Strategien der Verletzung. Wir sollen den eingangs zitierten Grundsatz der Stoa nicht verallgemeinern. Aber wir könnten zumindest die Verletzungen, die wir uns gegenseitig zufügen, oder die Situationen, in denen wir uns verletzt fühlen, einmal auf diesen Grundsatz hin befragen.

Dazu einige Beispiele: Eine Frau fühlt sich oft von den Männerwitzen, die ihr Mann ihr erzählt, verletzt. Wenn sie ihm das sagt, verharmlost er den Witz. Sie fühlt sich dann nicht ernst genommen. Sie fühlt sich vom Mann in das Bild der kleinkarierten Frau gesteckt, die alles kritisiert und alles so eng sieht. Der Mann fühlt sich verletzt, weil die Frau ihn mit dem Bild des Mannes steckt, der seine Witze auf Kosten der Frau macht. Beide haben den Eindruck, dass sie sich blockieren und sich gegenseitig die Lebendigkeit rauben. Es ist nicht einfach, diese Bilder, die wir oft genug unbewusst dem andern überstülpen, zu durchschauen und sie dann auch loszulassen. Die Aufgabe wäre, sich seiner Bilder bewusst zu werden und sich von ihnen zu befreien, damit ich dem Partner ohne Vorurteil begegne. Der beste Weg dazu ist, dass ich ihn frage, wie er sich fühlt, warum er so denkt, was ihn bewegt. Dabei geht es nicht um Rechthaben, sondern zunächst vor allem um ein Verstehen des anderen. Verständnis wird aber erst möglich, wenn ich mich von den Bildern verabschiede, die sich in mir festgesetzt haben und mit denen ich den Partner oder die Partnerin immer wieder festnagle.

Es gibt Mitarbeiter, die mir wenig sympathisch sind. Aber ich rege mich nicht über sie auf. Sie sind halt so und dürfen so sein. Doch bei anderen Mitarbeitern rege ich mich sofort auf. Wenn ich genau hinschaue, entdecke ich, dass ich eine ganz bestimmte Erwartung an diesen Mitarbeiter habe, die er nicht erfüllt hat. Weil er meine Vorstellungen nicht erfüllt, deshalb rege ich mich auf, deshalb bin ich enttäuscht. Der andere, vom dem ich kein Bild in mir habe, stört mich nicht. Nur wenn er mich an meine eigenen Verletzungen erinnert, fühle ich mich von ihm verletzt. Und nur wenn er mich an meine eigenen empfindlichen Stellen erinnert, ärgere ich mich über ihn.

In der Firma kann ich normalerweise noch einen gebührenden Abstand zu Menschen einnehmen, die mir wenig sympathisch sind und die meine Vorstellungen nicht erfüllen. Schwieriger wird es in der Partnerschaft und in der Familie. Da sind wir uns einander nahe. Da können wir uns nicht einfach nur abgrenzen und uns gegenüber dem anderen schützen. Wir wollen ja einander nahe sein, einander begegnen, einander lieben. Und in der Liebe öffne ich mich dem anderen und mache mich so auch verwundbar. Es gibt keine Liebe ohne Verwundbarkeit. Aber auch hier wäre wichtig, sich immer wieder zu fragen: Hat mein Partner oder meine Partnerin mich verletzen wollen? Oder war es nicht in Wirklichkeit die Nichterfüllung meiner Vorstellung, die mich verletzt hat?

Oft werden wir tatsächlich vom anderen verletzt. Aber wie wir diese Verletzung erfahren, hängt dennoch von unseren Vorstellungen ab. Der andere hat mich stark kritisiert und damit meine wunde Stelle getroffen. Ich fühle mich tief verletzt. Ich gehe in die Opferrolle. Ich steigere mich hinein in die Verletzung. Ich armer Mann werde so hart kritisiert, obwohl ich mich so für die andern einsetze. Wenn ich mich in diese Opferrolle hineinsteigere, dann geht es mir aber immer schlechter. Die Verletzung kann ich nicht rückgängig machen. Aber wie ich darauf reagiere, das hängt von mir ab, von den inneren Bildern, mit denen ich auf die Verletzung reagiere. Ich kann mit dem Bild des Opferlamms reagieren. Dann leide ich still vor mich hin. Eine andere Form der passiven Reaktion ist die Aggression. Wenn ich aggressiv auf die Verletzung reagiere, meine ich, ich würde aktiv reagieren. In Wirklich-

keit lasse ich mir meine Reaktion vom andern vorschrei-
ben. Sowohl das Bild des Martyrers als auch das Bild des
Rechtfertigers oder des Rechthabers führen zu passiven
Reaktionen. Eine aktive Reaktion auf die Verletzung sieht
anders aus. Ich schaue mir die Verletzung an und spüre in
mich hinein, um zu erspüren, welche Reaktion jetzt ange-
messen ist, was mir mein Herz sagt und wie mein Herz
reagieren möchte. Eine Form der aktiven Reaktion zeigt
uns Jesus, wenn er uns im Lukasevangelium auffordert:
»Segnet die, die euch verfluchen.« (Lk 6,28) Segnen ist
eine aktive Reaktion. Ich schicke dem, der mich verflucht,
der negative Worte gegen mich gesagt hat, im Segen gleichsam eine positive Energie, die die verletzende Energie auf-
löst. Der Segen schützt mich vor der Verletzung. Und ich
fühle mich besser. Denn ich halte im Segen einen Schutz-
schild vor mich und ich werde aktiv, indem ich den Segen
zu dem sende, der mich verletzt hat. Die Vorstellung vom
Segen schützt mich vor der negativen Energie des Verletzenden. Und sie bewirkt in mir innere Ruhe und Frieden.
Das Bild des Segens lädt mich zu einer aktiven Reaktion
ein, die die Situation von innen heraus verwandelt.

Wir tragen nicht nur bestimmte Bilder von uns in unserer
Seele. Wir haben auch Bilder vom anderen. Und mit diesen Bildern legen wir ihn fest. Dann sehen wir ihn nicht
mehr so, wie er ist, sondern immer nur im Licht des Bildes, das wir auf ihn projiziert haben. C. G. Jung erklärt das
am Beispiel vom Verteufeln. Oft verteufeln wir den andern: er sei ganz und gar schlecht. Doch wenn wir den andern verteufeln, dann muss der andere kein schlechter
Mensch sein. »Im Gegenteil: er kann ein ganz besonders

guter Mensch sein, der aber mit dem Projizierenden inkompatibel ist, daher zwischen beiden eine ›teuflische‹ (d.h. trennende) Wirkung stattfindet. Auch der Projizierende braucht kein Teufel zu sein, obschon er anzuerkennen hat, dass er das Teuflische ebenso gut in sich hat und erst noch darauf hereingefallen ist, insofern er es projiziert.« (Jung, Band 7, 104) Der Teufel steht hier für die Schattenseite des Menschen. Weil wir sie nicht bei uns wahrnehmen, projizieren wir sie auf den andern. Dadurch legen wir ihn auf ein negatives Bild fest. Auf diese Weise wird die Beziehung zum andern schwierig. Beziehungsarbeit heißt immer auch, die Bilder, die ich von mir in mir trage, und die Bilder, die ich mir vom andern gemacht habe, zu hinterfragen und durch die Bilder zu meinem wahren Selbst und zum Selbst des andern vorzudringen, um mich und den andern so zu sehen, wie wir wirklich sind.

Marie-Louise von Franz, eine Schülerin von C. G. Jung, hat sich ausführlich mit dem Thema der Projektion befasst. Für Jung ist die Projektion »eine unbewusste, d.h. nicht wahrgenommene und unabsichtlich geschehene Hinausverlegung eines subjektiven seelischen Tatbestandes in ein äußeres Objekt«. (Franz 11) Die Projektion entsteht oft aus den Erfahrungen der Kindheit: »Zum Beispiel erlebt ein Sohn seinen Vater als tyrannisch; nicht nur projiziert er dann oft später auf Autoritätspersonen und Vaterfiguren, wie den Arzt, den Vorgesetzten oder den Staat, die Eigenschaft eines Tyrannen, sondern er wird sich ebenso sehr selber – jedoch unbewusst – tyrannisch benehmen.« (Ebd. 11) Jung spricht vom Haken in der Person, auf die ich projiziere. Ich werde das Bild des Tyrannen nicht einem sanften Menschen anhängen, sondern eher einem, der ein gewisses Selbstwertgefühl hat. Das Selbstbewusstsein ist dann der Haken, an dem ich meine Projektion aufhänge. Ich meine dann, ich würde in diesem Chef einem Tyrannen begegnen. In Wirklichkeit begegne ich nur dem Bild, das ich ihm angehängt habe. Eine wichtige Aufgabe ist es nach Jung daher, sich seiner Projektionsbilder bewusst zu werden und den anderen Menschen unabhängig von den Bildern zu entdecken, mit denen ich sein wahres Selbst zugestellt habe.

ÜBUNG: *Schaue dir die Verletzungen an, die du in letzter Zeit durch andere Menschen erfahren hast. Dann frage dich: Hat mich dieser Mensch bewusst verletzt? Oder hat er meine Vorstellung nicht erfüllt, die ich von ihm habe? Bin ich von ihm enttäuscht, weil er so ganz anders ist als ich mir es vorgestellt habe? Hat es mich verletzt, dass er meine Erwartungen nicht erfüllt hat? Oder was hat mich eigentlich verletzt? Ganz gleich, was dich verletzt hat, stelle dir vor, du segnest diesen Menschen. Du hältst deine Hände vor dich hin, so dass die Handinnenflächen nach vorne weisen. Stelle dir vor, dass Gottes Segen jetzt durch deine Hände zum anderen strömt. Gottes Segen löst langsam das Bild auf, das du dir von ihm gemacht hast. Er bringt dich in Berührung mit dem Menschen, der hinter dem Bild steht. Dann erlebst du diesen Menschen anders. Er ist nicht mehr der, der dich verfolgt, der dich verletzt, sondern einer, der des Segens bedarf. Er ist ein gesegneter Mensch. Das ist ein anderes Bild, durch*

das du dich seinem wahren Wesen viel mehr näherst als
durch das Bild des Verfolgers oder Verletzers, das du vor-
her von ihm hattest.

Überflieger, Perfektionisten, Depressive

Daniel Hell, der Schweizer Psychiater und Depressions-
forscher, meint: Depressionen sind oft ein Hilfeschrei der
Seele gegen übertriebene Bilder, die wir von uns selbst haben. Da ist etwa das Bild: Ich muss immer perfekt sein, immer cool sein, immer alles im Griff haben, immer erfolgreich sein und immer alles positiv sehen. Die Depression
rebelliert gegen diese falschen Bilder, die letztlich Illusionen sind, die uns nicht gut tun. Wir sollen dankbar sein,
wenn unsere Seele auf die krankmachenden Bilder reagiert. Sie lädt uns mit ihrer Reaktion dazu ein, uns von diesen Bildern zu verabschieden. Viele gehen heute mit solchen krankmachenden Bildern zur Arbeit. Sie haben das
Bild: Hoffentlich schaffe ich alles, was von mir erwartet
wird. Oder es ist das Bild des perfekten Arbeiters, der immer wach ist und immer alles sofort erfüllt. Dann setze ich
mich bei allem, was ich tue, unter Druck. Ich will es perfekt machen und zugleich ist es nie gut genug für mich. Ich
verbrauche viel zu viel Energie für kleine Aufgaben, weil
ich sie alle perfekt erledigen möchte. Andere gehen mit
Bildern in die Arbeit: Was denken die anderen von mir?

Hoffentlich sind sie mit mir zufrieden. Ein anderer geht mit dem Bild des Hamsterrades in die Arbeit. Er kann strampeln, soviel er will. Er gelangt doch nie ans Ziel. Solche Bilder überfordern uns und führen dann oft zum Burn-out. Burn-out ist immer auch eine Einladung, über die eigenen Bilder nachzudenken, mit denen ich lebe. Die Depression, die oft mit Burn-out verbunden ist, hat immer einen Sinn. Ich muss sie befragen, was sie mir sagen möchte. Vielleicht möchte sie mich hinweisen, dass ich mich von zu großen Bildern verabschieden soll.

Eine depressive Frau erzählte mir, dass sie ihre Eltern immer als eng und kleinkariert erlebt hat. Sie hat sich in die Bücher geflüchtet und ist darin aufgeblüht. Im Bücherlesen hat sie eine andere Welt entdeckt, die ihrer inneren Weite entsprochen hat. Aber sie hat die Enge ihrer Eltern total abgelehnt. Sie hat sich von den Wurzeln abgeschnitten, die die Eltern für sie darstellen. Immer wenn sie die Eltern getroffen hat, hat sie sich mit ihnen gestritten, sie belehrt, auf sie herab geschaut. Jetzt ist sie depressiv geworden. Sie erkennt, dass sie nun genauso eng wird wie die Eltern. Die Depression lädt sie ein, sich mit der Enge auszusöhnen, die ihr von den Eltern her zukommt. Sie hat teil an der Enge ihrer Eltern, aber auch an der Fähigkeit, wie sie ihr Leben bewältigt haben. Sie muss sich befreien von den negativen Bildern, die sie von ihren Eltern in sich trägt. Und sie muss das Bild der eigenen Durchschnittlichkeit annehmen. Dann könnte sie von ihrer Depression geheilt werden. Solange sie noch in ihren großen Bildern wohnt, ohne sich ihrer Realität zu stellen, wird ihre Seele dagegen rebellieren.

Manchmal können wir mit unseren inneren Bildern ganz gut leben. Aber wir überfordern die anderen damit. Ein Vater erzählte mir, seine Kinder gingen morgens schon mit dem Gefühl in die Schule »Ich bin müde«. Und wenn sie von der Schule kommen, klagen sie auch, dass sie müde seien. Das Gespräch mit dem Lehrer hat ergeben, dass dieser Lehrer mit dem Bild in die Schule geht: »Volle Aufmerksamkeit«. Er ist hyperaktiv und voller gespannter Aufmerksamkeit. Aber das erwartet er auch von den Schülern. Die Reaktion der Schüler zeigt, dass er mit seinem Bild, das er von sich hat, die Schüler überfordert. Vielleicht bewahrt ihn sein Bild eine Zeit lang vor dem Burn-out. Aber er nimmt den Schülern mit seiner Überforderung die innere Spannkraft. Das geschieht auch in manchen Firmen. Wenn der Chef mit zu großen Bildern von sich selbst in die Arbeit geht, dann bewegt er seine Mitarbeiter damit nicht, sondern lähmt sie eher. An seiner Stelle bekommen dann seine Mitarbeiter ein Burn-out.

Meine Bilder, die ich von mir selbst habe, haben immer schon eine Auswirkung auf die Umgebung. Wer das Bild des Perfektionisten in sich trägt und sich bei allem, was er tut, unter Druck setzt, der überfordert auch seine Umgebung mit übertriebenen Erwartungen. Der perfektionistischen Mutter können es die Kinder nie recht machen. Ein Vater trug das Bild der Effizienz in sich. Alles, was er tat, musste effizient sein. Mit diesem Bild begegnete er auch seinen Kindern. Wenn er schon daheim war, müsste die Erziehung auch effizient sein. Die Hausaufgaben mussten schnell gemacht werden. Am Abend musste sich die ganze Familie aufs Fahrrad setzen, damit sie etwas Effizientes für ihre Gesundheit täte. Allmählich rebellierten seine Kinder dagegen, indem sie alles extrem langsam machten, um sich diesem inneren Anspruch seines Bildes zu entziehen.

Ein Personalchef, der in sich das Bild des Überfliegers trägt, lähmt seine Mitarbeiter. Er erzählt ständig, wie toll er dieses oder jenes Projekt durchgezogen hat. Aber er lässt seinen Mitarbeitern keinen Raum zum Atmen. Oft löst dieses Bild dann im Untergegebenen das Bild aus, dem anderen genügen zu müssen, seine Erwartungen erfüllen zu müssen. Und mit diesem Bild überfordern sie sich selbst. Eine Frau, die als Chefin das Bild in sich trugt, sie müsse immer die Erste sein, lähmte damit ihre Mitarbeiterinnen. Sie konnten ihre Stärken nicht leben, aus Angst, das Bild der Chefin damit zu zerstören. Mit solchen Bildern macht es die Chefin allen Mitarbeitern schwer. Sie raubt ihnen ihre Energie, um sich selbst damit aufzublasen.

ÜBUNG: *Überlege dir, was die Ursache von depressiven Verstimmungen in deinem Leben ist. Kennst du Menschen, in deren Nähe du dich kraftlos fühlst, die deine ganze Energie wegziehen? Was sind das für Menschen? Sind es selbst depressive Menschen, die mir unbewusst ihre Schuldgefühle aufdrängen? Oder aber sind es Menschen, die zu große Bilder in sich tragen, Bilder, die mich überfordern und mich daher in meiner Energie blockieren? Beobachte deine Stimmungen. Und frage dich, was jeweils für eine depressive Stimmung verantwortlich ist. Bewerte deine Stimmungen nicht und die Menschen nicht, die dich*

depressiv machen. Beobachte nur und schaue auf die Bil-
der, die in dir auftauchen, und die Bilder, die der andere in
dir auslöst. Und dann frage dich, auf welche Bilder deine
Seele mit Depression reagiert. Schaue diese Bilder an und
versuche durch sie hindurch zu sehen, damit du auf dem
Grund dieser krankmachenden Bilder heilsame Bilder
entdeckst, die auch in deiner Seele liegen, die aber oft über-
deckt sind von anderen Bildern.

Bilder, die uns überfordern

Es gibt Bilder, die uns am Anfang gut tun, die Fähigkeiten
in uns hervorlocken. Aber irgendwann werden diese Bilder zu groß für uns. Dann belasten sie uns. Sie überfordern uns. In der Erziehung machen die Eltern manchmal
den Fehler, dass sie zu großartig von ihren Kindern sprechen. Es ist gut, die Kinder zu loben und ihre Stärken her-
vorzuheben. Aber wenn ich jedes Wort des Kindes sofort
als höchste Weisheit interpretiere oder wenn ich bei allen
Bemerkungen dem Kind vermittle, dass es hochbegabt sei,
dass es vielleicht sogar medial begabt sei und einen beson-
deren Draht zum Übersinnlichen habe, schade ich dem
Kind nur. Dann blähe ich sein Ego auf. Es ist wichtig, das
Kind zu loben und mit guten Worten das Gute in ihm zu
wecken. Aber wenn ich alles in zu grellen Tönen preise,
führt das zur Selbstüberschätzung, zu Bildern, die das
Kind letztlich überfordern. Oft wollen Eltern mit solchen

zu großen Worten ihrer eigenen Wahrheit aus dem Weg gehen. Und sie stellen sich dann den alltäglichen Auseinandersetzungen mit dem Kind nicht. Sie flüchten in eine Scheinwelt, in der alles wunderbar und außergewöhnlich ist. Damit versetzen sie auch das Kind in eine Scheinwelt, in der es auf Dauer nicht zurecht kommen wird.

Oft sind es aber nicht die Worte der Eltern, die dem Kind zu große Bilder überstülpen. Manchmal sind es einfach Erfahrungen, die das Kind macht und auf die es mit inneren Bildern reagiert. Das Kind wählt sich selbst ein Bild aus, das ihm hilft, die Situation zu bewältigen. Aber manchmal wird dieses Bild dann irgendwann zu groß. Dann wäre es heilsam, ein angemessenes Bild in sich zu entwickeln. Ich habe einen Priester begleitet, der mir folgende Geschichte erzählte: Als er selbst zwölf Jahre alt war, ist sein Bruder, der gerade vor der Heirat stand und den elterlichen Hof übernehmen sollte, beim Hausbau tödlich abgestürzt. Der Vater ist aus Gram über den Tod seines Sohnes und Hofnachfolgers ein Jahr später selber gestorben. Nun war er mit seiner Mutter allein. Er hatte das Gefühl, er müsse nun der Sonnenschein seiner Mutter sein. Dieses Bild hat ihm geholfen, die Trauer über den Tod seines Bruders zu überwinden. Und dieses Bild hat auch seiner Mutter geholfen. Der Sohn hat seine Mutter in ihrer Zeit der Trauer getröstet, indem er mit seinem Sonnenschein ihre dunkle Seele erhellt hat. Das Bild tat auch dem Sohn gut. Im Priesterseminar, in seinen ersten Gemeinden, in denen er als Kaplan wirkte, war er überall der Sonnenschein. Er war beliebt bei allen und glücklich. Das Bild war also für ihn jahrelang heilsam. Es hat ihm geholfen, mit seinen 13 Jahren die Trauer über den Tod seines Bruders und seines Vaters zu bewältigen. Und es war eine gute Strategie, sich überall beliebt zu machen. Doch als er in der Lebensmitte war, passte das Bild nicht mehr. Jetzt überforderte es ihn. Diese Überforderung erlebte er ganz massiv, als er in eine Pfarrei kam, die in sich völlig gespalten war. Da kam er mit seinem Bild des Sonnenscheins an eine Grenze. Er brach psychisch und körperlich völlig zusammen. Das Bild stimmte nicht mehr. Er konnte noch so sehr für die Menschen als Sonne scheinen. Das löste den Konflikt nicht. Er musste sich erst von diesem zu großen Bild verabschieden, um dann seine Aufgabe als Priester gut erfüllen zu können. Es war ein schmerzlicher Prozess, das Bild des Sonnenscheins loszulassen und ein realistisches Bild für sich zu entwickeln. Dabei darf man das alte Bild nicht einfach wegwerfen. Es muss nur relativiert werden. Manchmal durfte und darf er erfahren, dass er Sonnenschein für andere ist. Aber manchmal darf es auch dunkel in ihm sein. Er steht nicht unter dem Druck, alles erhellen zu müssen. Er darf sich auch gönnen, einfach nur für sich zu sein, ohne in anderen etwas bewirken zu müssen. Wenn die anderen streiten, ist das deren Problem. Er muss nicht jeden Konflikt als persönliche Beleidigung erfahren. Er braucht die Abgrenzung. Die Sonne scheint immer. Sie ist grenzenlos. Aber wir haben Grenzen. Und wir können nicht immer Sonne ertragen. Wir brauchen auch die Kälte und die Dunkelheit, in der wir uns zurückziehen und für uns sorgen.

Ein anderer junger Mann hat als Kind miterlebt, wie seine Schwester vom Auto überfahren wurde. Er hat den

Schmerz der Mutter instinktiv gespürt. Das hat in ihm das Bild hervorgerufen, Trost der Mutter zu sein. Dieses Bild hat ihm und seiner Mutter lange Zeit geholfen, über den Tod der Tochter hinwegzukommen. Doch irgendwann war das Bild für ihn nicht mehr heilsam. Trost der Mutter zu sein bedeutet: Ich darf sie nicht enttäuschen. Als er eine Prüfung nicht bestand, brachte er es nicht über sich, das seiner Mutter zu gestehen. So hat er lange Zeit der Mutter etwas vorgemacht und sich selbst damit das Leben schwer gemacht, weil er ständig etwas anderes vortäuschen musste. Solche Bilder sind eine Zeit lang gut. Sie sind eine Strategie, die die Seele entwickelt, um über schwierige Situationen hinwegzukommen. Aber irgendwann stimmen diese Bilder nicht mehr. Sie helfen uns nicht mehr, unser Leben jetzt zu bewältigen. Im Gegenteil, sie hindern uns daran, uns den Anforderungen zu stellen, die das Leben jetzt an uns stellt. Dann müssen wir uns von diesen Bildern verabschieden und uns auf die Suche nach Bildern machen, die jetzt für uns stimmen.

Ein Mann galt schon in seiner Kindheit als Wunderkind. Das Bild wurde ihm von seinen Eltern vermittelt. Aber er hat es auch verinnerlicht. Er hatte das Gefühl, er könne alles, alles würde ihm zufliegen, alles ginge ganz leicht. Dieses Bild hat sich in ihn eingeprägt. Es hat ihm Kraft gegeben. Aber irgendwann hat es ihn überfordert. Er spürte in seinem Beruf die Falle, dass er alle schwierigen Aufgaben übernahm. Die anderen sagten: »Wer soll es denn sonst machen, wenn nicht du? Keiner kann das so gut wie du!« Das war für ihn eine Falle, die schließlich zum Burn-out geführt hat. Nicht die Arbeit an sich war das schlimme, sondern das Bild, das zu groß für ihn war. Wir sind nicht immer nur Wunderkinder. Wir sind auch durchschnittlich und müssen uns aussöhnen mit der eigenen Durchschnittlichkeit.

Ein Priester erzählte mir, dass er als Kind immer als Engel galt. Das hat ihm selbst gut getan und die Zuwendung vieler frommer Menschen eingebracht. Doch nun spürte er, dass er gegen dieses Bild rebellierte. Es engte ihn zu sehr ein. Es ließ ihn nicht so leben, wie er es in seinem Herzen wollte. Er erkannte: Seine depressiven Stimmungen sind ein Protest gegen dieses allzu fromme Bild, das ihn letztlich abschneidet von seiner Aggression, von seiner Lebensenergie. Bilder haben immer diese ambivalente Wirkung. Sie tun uns gut. Doch wenn sie zu groß für uns sind, dann überfordern sie uns. Dann müssen wir dagegen rebellieren, um das einmalige Bild zu leben, das Gott sich von uns gemacht hat. Das Bild des Engels hat sich in dem Priester in seiner Kindheit gebildet. Aber es war auch ein Bild, das andere ihm übergestülpt haben. Wenn die Eltern dem Kind zu oft sagen, dass es ein Engel sei, dann legen sie das Kind auf dieses einseitige Bild fest und überfordern es.

Eine Frau hat schon als Kind das Bild des braven Mädchens in sich verwirklicht. Wenn es brav war, bekam es Zuwendung. Als braves Mädchen wurde es von den Eltern oft mit Stolz den Freunden und Verwandten vorgestellt. Das Mädchen spürte sehr früh, dass dieses Bravsein von ihm erwartet wurde. So hat es dieses Bild verinnerlicht. Doch jetzt als erwachsene Frau rebelliert sie gegen dieses Bild. Es hat sie abgeschnitten von ihrer Aggression, von ihrer Vitalität. Das Bild entspricht ihrem Wesen nicht. Es legt sie fest auf bestimmte Eigenschaften. Und es unterdrückt viele andere Seiten an ihr. Das zu enge Bild zu erkennen ist der erste Schritt, sich davon zu lösen. Doch dann braucht es einen langen Übungsweg, sich immer wieder von diesem Bild zu lösen und das Bild in sich zuzulassen, das dem eigenen Wesen entspricht. Dieser Übungsweg geht über schmerzliche Erfahrungen. Die Frau wird sich immer wieder über andere Frauen aufregen, die dieses Bild des braven Mädchens verkörpern. Sie wird fasziniert sein von Frauen, die ein anderes Bild von sich leben, etwa das Bild der Königin oder der wilden Frau. Zugleich aber wird sie von solchen Frauen verunsichert sein. Und manchmal wird sie gegen die Frauen, die ihr Gegenbild verkörpern, auch rebellieren. Denn sie hat oft Angst, das alte Bild in sich loszulassen und dem neuen Bild in sich zu trauen.

Es ist oft ein langer Prozess, sich von alten Bildern zu verabschieden. Der erste Schritt ist, sich dieses Bildes bewusst zu werden. Der zweite Schritt besteht darin, dieses Bild zu würdigen, ihm zu danken für alles, was es auch Gutes in mir bewirkt hat. Dieses Bild hat mir jahrelang geholfen, gut zu leben, mit meiner Trauer, mit meinem Schmerz, mit meinen Niederlagen zurecht zu kommen. Der dritte Schritt besteht dann im Loslassen dieses Bildes. Das ist ein schmerzlicher Prozess. Er geht über das Betrauern, dass ich mich von diesem Bild verabschieden muss, dass ich mich von einem wesentlichen Aspekt meiner Person verabschieden muss, weil er heute nicht mehr stimmt. Aber er ist ein Teil von mir geworden. Ihn loszulassen, tut weh. Der vierte Schritt wäre dann: nach neuen Bildern Ausschau halten. Ich kann in mich hineinhorchen und beobachten, welche Bilder in mir spontan auftauchen. Diese Bilder betrachte ich langsam und spüre, was sie in mir bewirken. Bilder, die sich gut anfühlen, die in mir Friede und Freiheit bewirken, entsprechen meinem Wesen. Ich kann aber auch in meine Kindheit hinein schauen und überlegen, welche andere Bilder mich damals geprägt haben. Welches von diesen Bildern wäre jetzt in meiner Situation angemessener für mich? Dann kann ich versuchen, dieses passende Bild mir immer mehr einzubilden, so dass es zu einer inneren Wirklichkeit wird.

Viel Licht, viel Schatten

Wie sehr unsere Kultur unsere Bilder prägt, sieht man am besten an den von ihr propagierten Idealbildern. In der Erziehung etwa werden uns oft Idealbilder vor Augen gehalten. Und oft genug entwickeln wir selbst Idealbilder von uns. Idealbilder haben nicht nur den einzelnen geformt, sondern ganze Generationen geprägt. Lange Zeit war das Leitbild des pflichterfüllenden Beamten eine Quelle von Energie für die Mitglieder dieser Berufsgruppe. Und es hat die Arbeit in vielen Behörden geprägt. Das Wirtschaften wurde lange Zeit vom Bild des ehrsamen Kaufmanns bestimmt. Handwerker haben nach Treu und Glauben miteinander gearbeitet und abgerechnet und einen Standeskodex auch auf diesem Verhalten begründet. In den Familien gab es die Idealbilder des treusorgenden Familienvaters und der sich aufopfernden Mutter. Solche Bilder haben die Menschen erzogen und sie in eine ganz bestimmte Richtung gebracht. Es waren Leitbilder, die die Kultur des Miteinanders in der Familie, im Staat und in der Wirtschaft geprägt haben. Solche Idealbilder haben viel Gutes bewirkt.

Auch in der persönlichen Entwicklung haben Idealbilder die jungen Menschen oft angetrieben, an sich zu arbeiten, hohe moralische Standards für das eigene Leben zu entwickeln und zum Segen für andere zu werden. Das Ideal des Menschen, der sich selbst beherrscht, der sich nicht von seinen Bedürfnissen leiten lässt, hat viele in ihrer Entwicklung weiter gebracht. Soziologen sagen, dass die Eliten der Gesellschaft meistens durch solche Bilder des asketischen und sich selbst beherrschenden Menschen geprägt waren. Das Ideal des Humanismus, das uns die griechische Philosophie vermittelte und das Johann Wolfgang Goethe in die klassischen Worte formte: »Edel sei der Mensch, hilfreich und gut«, hat seit der Renaissance die Menschen in Europa geprägt. Solche Idealbilder haben Menschen von großer Reife und Weisheit hervorgebracht. Sie haben Persönlichkeiten geprägt, die Würde, Wahrhaftigkeit, Ehrlichkeit und Kraft repräsentierten.

Die Psychologie sieht die Idealbilder etwas skeptischer. Sie weiß um die Gefahr, dass man sich mit Idealbildern identifiziert, dabei jedoch seine eigene Identität, die Wirklichkeit der realen Person überspringt. Die Psychoanalyse von Sigmund Freud spricht von Ich-Ideal. Es ist das »Ideal, das eine Person sein möchte oder von dem sie annimmt, dass sie es sein müsste.« (Bucher 32) Freud versucht, den Menschen von falschen und überfordernden Ich-Idealen zu befreien. Das Ich-Ideal entsteht oft durch Idealisierung von Personen. Margarete Mitscherlich, die ein Buch mit dem provozierenden Titel »Das Ende der Vorbilder« geschrieben hat, weiß bei aller Gefahr, dass man durch die Idealisierung bestimmter Personen seine eigene Identität an diese Idealbilder abtritt oder dass man sich mit dem Idealbild überfordert, doch um die Notwendigkeit der Idealisierung. Wir brauchen Idealbilder, um uns zu orientieren und um unser Streben nach Selbstverwirklichung anzustacheln. »Als Psychoanalytikerin war ihr bewusst, dass fehlende Idealisierung zumal in der Kindheit später zu narzisstischen Störungen führen kann.« (Bucher 52) Mitscherlichs These: »Um Sicherheits- und Selbstwertgefühle aufzubauen, müssen offenbar in der frühen Kindheit Erwachsene idealisiert werden.«

Idealbilder haben eine Schattenseite. Wer sich vom Idealbild antreiben lässt, der kommt weiter. Wer sich jedoch mit dem Idealbild identifiziert, der gerät in die Gefahr, die anderen Seiten in sich zu verdrängen. Alles, was dem Idealbild in sich selbst nicht entspricht, das spaltet er ab. Aber was abgespalten wird, das gerät in den Schatten und wirkt sich von dort aus destruktiv auf den Menschen aus. Wer z.B. das Idealbild des asketischen Menschen in sich trägt, der verdrängt seine Bedürfnisse. Aber die Bedürfnisse lassen sich nicht so einfach verdrängen. Sie werden in den Schatten verbannt und melden sich von dort aus wieder zu

Wort, oft aber auf eine unbewusste und häufig auch destruktive Weise. Da lebt dann der selbstbeherrschte Mann auf einmal ungeheure Machtbedürfnisse aus. Weil er das Bedürfnis nach Vergnügen verdrängt hat, sucht sich dieses Bedürfnis einen anderen Weg, Lust zu empfinden. Und so empfindet er die Lust, indem er andere beherrscht. Oder spirituelle Menschen, die die Sexualität verdrängen, haben dann oft ein übertriebenes Geltungsbedürfnis. Wer sich nur für andere aufopfert, merkt gar nicht, wie er damit manchmal auch Macht ausübt. Er möchte sich die, für die er sich aufopfert, auch gefügig machen.

Was verdrängt wird, wirkt sich als Schattenseite weiterhin im Menschen aus. Die Schattenseiten zeigen sich manchmal in Träumen, etwa wenn wir verfolgt werden. Was uns verfolgt, ist meistens das, was wir unterdrückt haben. Die Schattenseiten drücken sich auch im harten Urteil über andere aus. Was wir bei anderen bekämpfen und verurteilen, ist meistens der eigene Schatten. Wenn wir übertrieben reagieren auf eine Erzählung oder auf eine Kritik eines anderen, dann meldet sich darin der Schatten zu Wort. Die häufigste Weise, wie sich der Schatten zeigt, ist die Projektion. Wir projizieren unsere Schattenseiten, unsere verdrängten Schwächen und Fehler auf andere Menschen. Oft genug muss dieser Mensch für eine ganze Gesellschaft zum Sündenbock herhalten, auf den man alles projiziert, was man bei sich selbst nicht wahrnehmen möchte. Doch dieser Sündenbockmechanismus löst den Schatten nicht auf, sondern führt dazu, dass man immer neue Sündenböcke braucht, um von seinen eigenen Schatten abzulenken. Es gibt noch eine andere Weise, wie sich der Schatten ausdrückt: Er manifestiert sich im Leib. Der Leib übernimmt dann die verdrängten Bedürfnisse. Wenn sich z.B. jemand ganz und gar für andere aufopfert und alle eigenen Bedürfnisse beiseite schiebt, dann zwingt ihn oft der Leib durch eine Krankheit, dass er sich die Zeit gönnt, die er sich bewusst niemals nehmen würde. Der depressive Mensch, der seine Aggressionen verdrängt hat, lebt sie unbewusst aus, indem er andere warten lässt mit seiner Langsamkeit.

C. G. Jung hat sich sehr intensiv mit diesen Schattenseiten auseinandergesetzt. Idealbilder sind gut für die Entwicklung des Menschen. Aber es braucht noch eine andere Haltung, die heute nicht sehr modern klingt: es ist die Demut, von der der heilige Benedikt in seiner Regel soviel geschrieben hat und die für C. G. Jung ein entscheidendes Kriterium für einen reifen und weisen Menschen ist. Demut ist der Mut, hinabzusteigen in das eigene Schattenreich, in die Tiefen der Seele, in denen all die verdrängten Bedürfnisse und Emotionen und Leidenschaften wohnen. Jung spricht davon, dass niemand »den Schatten ohne einen beträchtlichen Aufwand an moralischer Entschlossenheit zu realisieren« vermag. »Handelt es sich bei dieser Realisierung doch darum, die dunklen Aspekte der Persönlichkeit als wirklich vorhanden anzuerkennen. Dieser Akt ist die unerlässliche Grundlage jeglicher Art von Selbsterkenntnis und begegnet darum in der Regel beträchtlichem Widerstand.« (Jung, Welt der Psyche 71) Von seiner eigenen Erfahrung mit dem Schatten schreibt Jung: »Mein Schatten ist in der Tat so groß, dass ich ihn in meinem Lebensplan unmöglich übersehen konnte, ja ich musste ihn als unerlässlichen Teil meiner Persönlichkeit ansehen, die Konsequenzen aus dieser Einsicht ziehen und die Verantwortung dafür auf mich nehmen. Ich habe durch viele bittere Erfahrungen einsehen müssen, dass die Sünde, die man hat oder ist, zwar bereut, aber nicht aufgehoben werden kann.« (Briefe II 518) Es verlangt Demut, die eigenen Schattenseiten anzuerkennen. Das bedeutet nicht, dass wir den Schatten ausleben. Aber nur wenn wir ihn uns bewusst machen, wird er aufhören, sich destruktiv auf uns auszuwirken.

Idealbilder sind gut. Aber sie verlangen nicht nur Begeisterung, sondern zugleich Demut. Wer sich nur schwärmerisch für ein Idealbild begeistern kann, der ist immer in Gefahr, sich über seine eigene Wirklichkeit zu erheben. Er gleicht dann dem Ikarus, der fasziniert ist, immer höher aufzusteigen. Doch dann kommt er der Sonne zu nahe, die seine Flügel aus Wachs zum Schmelzen bringt. So stürzt er jäh ab. Jung schreibt einem Mann, der davon schwärmt, er sei im Vollbesitz seiner selbst und sei daher fähig, alles und alle zu lieben, recht skeptisch, er scheue solche großen Worte. Er kenne zwar solche Erfahrungen, aber er habe dann immer das Empfinden, »dass ich die Last des Menschseins abgeworfen habe und dass sie mit verdoppelter Schwere auf mich zurückfallen wird.« (Briefe II 472) Das Idealbild soll uns voran bringen. Aber es bedarf der Demut, dass wir mit dem Idealbild nicht abheben, uns so damit identifizieren, dass wir die eigenen Schattenseiten verdrängen.

Diese Demut haben im Übrigen viele Heilige bewiesen. Sie haben hohe Ideale gelebt und sich trotzdem immer als

Sünder gefühlt. Der heilige Franziskus wollte das Bild Jesu in sich verwirklichen. Zugleich war er ein ganz bescheidener Mensch. Wir brauchen aber nicht nur in die Geschichte der Heiligen zu sehen. Auch heute begegnen wir Menschen, die im Licht der Öffentlichkeit stehen und von vielen idealisiert werden, die aber dennoch bescheiden bleiben. Sie wissen, dass sie nicht so ideal sind, wie manche sie sehen. Sie tun in unseren Augen Großes. Aber sie bleiben auf dem Boden. Sie wissen um ihre eigene Brüchigkeit. So habe ich Henri Nouwen erlebt, den ich wegen seiner spirituellen Bücher bewundert habe. Doch in der Begegnung machte er nichts aus sich. Er wusste um seine eigene Gefährdung und hatte daher eine Ausstrahlung und Echtheit und Bescheidenheit.

ÜBUNG: *Welche Idealbilder haben dich als Kind angesprochen? Wem wolltest du immer nacheifern? Was haben diese Idealbilder in dir bewirkt? Wo haben sie dich voran gebracht? Wo waren sie auch eine Überforderung? Haben sie dich dazu geführt, wichtige Aspekte deiner Seele zu verdrängen oder zu unterdrücken? Was ist heute ein Idealbild, das dir gut tut, das dich heraus fordert, an dir zu arbeiten und weiter zu wachsen? Schau deine Idealbilder an und frage dich immer auch nach den Schattenseiten, die unter dem Idealbild liegen. Söhne dich mit beidem aus: mit den Idealbildern, die dir deine Möglichkeiten und Fähigkeiten zeigen, und mit den Schattenseiten, die dich drängen, mit beiden Beinen auf Erden zu stehen und demütig zu werden.*

Erwartungen, die andere uns überstülpen

In der Begleitung von Menschen, die unter einem Burn-out leiden, mache ich immer wieder die Erfahrung, dass manche zu viel Energie verbrauchen, weil sie die Erwartungen anderer erfüllen. Sie sind nicht in Berührung mit ihren eigenen inneren Bildern. Sie haben sich vielmehr von den Eltern, von Freunden, von der Firma, von der Gesellschaft Bilder überstülpen lassen, die ihnen nicht gut tun. Wenn ich ständig auf die Erwartungen anderer schiele, komme ich nicht in meine eigene Kraft. Meine Müdigkeit ist oft genug ein Kriterium, um zu erkennen, dass ich nicht mein Bild lebe, sondern dem Bild gerecht werden möchte, das andere mir aufgesetzt haben. Ich lebe nicht aus meiner eigenen Mitte, aus der inneren Quelle, sondern von den Erwartungen anderer her. Ich möchte bei allem, was ich tue, die Erwartungen der anderen erfüllen.

Eine Frau, die unter Burn-out litt, erzählte mir, dass sie ihr ganzes Leben lang immer geschaut habe, wie sie die Erwartungen anderer erfüllen konnte. Als Kind hatte sie sich in einer Kirchengemeinde wohl gefühlt. Aber sie hat dieses Wohlgefühl damit bezahlt, dass sie sich immer für andere engagiert hat. Auch in ihrer Arbeit war das ihr inneres Bild: Ich leiste etwas, damit ich geliebt werde. Ihre erste Frage zuinnerst war: Was erwarten die Menschen von mir? Und sie antwortete für sich selber auf diese Fremderwartung: Das werde ich mit aller Kraft tun. Doch das führte dazu, dass sie die Beziehung zu sich selbst verlor. Das Bild, das sie sich schon als Kind eingeprägt hat, hat sie letztlich überfordert. Und es war für sie dann ein langer Weg, sich selbst zu spüren und aus dem heraus zu leben, was sie selbst wollte, die Bilder zu finden, die ihrem Wesen entsprechen, authentisch das zu leben, was ihrem Wesen entsprach. Sie merkte, dass sie viele Menschen enttäuschen musste, die sich daran gewöhnt hatten, dass sie immer alles macht, was man von ihr erwartet. Die Erwartungen hat man jedoch versteckt, indem man ihr gesagt hat: Das kannst du schon. Man hat ihr etwas zugetraut. Aber eigentlich steckte hinter diesem Zutrauen die Erwartung, auf die sie immer wieder hinein gefallen ist. Bis es nicht mehr ging.

Nicht nur Frauen stehen in einer solchen Gefahr. Ein Mann in leitender Stellung hatte immer das Bild in sich, er müsse den Leuten beweisen, dass er immer alles im Griff hat, dass er sich jedem Problem stellt, das auftaucht. Doch von seiner Herkunft aus der Landwirtschaft hatte er ganz andere Bilder in sich, vor allem Bilder des Wachsens und Wachsenlassens. Das ehrgeizige Bild hat er sich übergestülpt. Es war aus seinem Amtsverständnis heraus erwachsen. Er hat seine eigenen ursprünglichen Bilder verleugnet und sich einem fremden Bild unterworfen. Das hat ihm seine Kraft gekostet.

Ähnlich ging es einer Geschäftsfrau, die immer voller Power und Energie war. Doch auf einmal wurde sie krank und kam trotz aller Therapie nicht wieder zu Kräften. Sie erkannte: Ich bin ich die falsche Richtung gelaufen. Ich habe meinen Lebenstraum verleugnet. Sie hat sich in das

Bild der erfolgreichen Geschäftsfrau hinein verloren. Sie hat sich den Rollenerwartungen von außen unterworfen. Erst als sie mit ihrem ursprünglichen Lebenstraum wieder in Berührung kam, fand sie zu ihrer Kraft zurück.

Oft blockieren uns diese Rollenerwartungen auch in der Familie. Auch da leben viele nicht ihre ursprünglichen Bilder, sondern lassen sich manchmal von der Gesellschaft und manchmal vom Partner oder der Partnerin ein Bild aufdrängen. Eine Frau versucht die Rollenerwartung ihres Mannes zu erfüllen, dass sie ihn versorgt und ihm Geborgenheit schenkt. Doch zunehmend verliert sie ihre Kraft und Lust. Sie spürt, dass sie an sich und ihren inneren Bildern vorbei lebt. In vielen Ehekrisen geht es nicht von ungefähr darum, sich von aufgedrängten Rollenerwartungen und Bildern zu befreien und das eigene Bild zu leben. Wenn einem das gelingt, ist es dann auch eine Bereicherung für den anderen.

Oft werden uns von den Eltern Bilder übergestülpt. Eine Rechtsanwältin erzählte mir, ihre Mutter habe ihr immer das Bild aufgedrängt: Als Frau sollst du vor allem brav sein, dich anpassen, nicht auffallen. Und als Frau darfst du nicht erfolgreich sein, das erweckt den Neid der Männer. Diese inneren Bilder wirken in der Rechtsanwältin nach. Sie hindern sie oft daran, ihrer eigenen Kraft zu trauen und für sich und ihren Beruf zu kämpfen. Das Bild, das ihr die Mutter eingeprägt hat, raubt ihr viel Energie, es lähmt sie und lässt sie nicht in ihre Kraft gelangen. Es passiert ihr immer wieder: Sobald sie Kraft in sich spürt und kraftvoll nach außen handeln will, taucht dieses Bild ihrer Eltern in ihr auf und hindert sie daran, das mit Kraft durchzuführen, was sie begonnen hat. Oft fühlt sie sich dann innerlich blockiert. Sie ist enttäuscht, dass sie ihre eigenen Vorhaben nicht zu Ende bekommt. Sie machte sich lange Vorwürfe, sie wäre selbst an allem schuld, weil sie zu wenig Disziplin habe. Erst im Gespräch erkannte sie, dass es das innere Bild war, das ihr die Kraft raubte. Sie musste sich von diesem Bild lösen, um wieder in ihre Kraft zu kommen.

Eine Ärztin spürte starken Widerstand gegen ihren Beruf. Er strengte sie sehr an. Sie erkannte, dass sie diesen Beruf gar nicht aus eigenem Antrieb gewählt hatte, sondern um die Wünsche ihrer Mutter zu befriedigen. Die Mutter wollte früher einmal Ärztin werden. Aber sie konnte nie studieren. Jetzt sollte die Tochter nachholen, was der Mutter nicht vergönnt war. Stellvertretend für die Mutter hat sie deren Idealbild gelebt. Das hat sie abgeschnitten von ihrer eigenen Energiequelle. Sie musste sich überlegen, ob sie ganz aussteigen möchte aus dem Beruf oder aber ob sie für sich selbst Bilder entdeckt, die für sie stimmen und mit deren Hilfe sie diesen Beruf ausüben könnte.

Eine Frau hat Betriebswirtschaft studiert und das Autohaus ihres Vaters übernommen. Sie dachte, das wäre ihr eigener Wunsch gewesen. Es war immer das Bild, das ihr vor Augen schwebte. Doch jetzt spürte sie eine innere Lähmung und Widerstand gegen ihre Aufgabe, das Autohaus zu leiten. Sie musste in der Krisensituation, in der sie sich fühlte, genau hinsehen, ob es wirklich ihr eigener Traum, ihr eigenes Bild war, diese Aufgabe zu übernehmen, oder ob sie nicht zu sehr den Wunsch des Vaters er füllen wollte. Dann war es nicht das Bild der Leiterin, sondern das Bild der Gefalltochter, die dem Vater dadurch gefallen wollte, dass sie seinen tiefsten Wunsch erfüllt hat. Sie wollte dem Vater besonders nahe sein, indem sie in seiner Firma arbeitete und seine Aufgabe übernahm. Sie spürte, dass sie ihre inneren Bilder genauer anschauen musste. Der Widerstand bedeutet nicht unbedingt, dass sie sich von ihrer Aufgabe als Chefin des Autohauses verabschieden sollte. Aber sie musste für sich klären, ob sie diese Aufgabe wirklich erfüllen möchte und welche Bilder sie dafür brauchte. Es sollten Bilder sein, die aus der eigenen Seele aufsteigen. Wenn sie die Aufgabe mit einem Bild erfüllt, das ihrem inneren Wesen entspricht, dann strömt die Arbeit auch wieder und ihr wird die Arbeit Freude machen, ohne dass sie ein Burn-out zu befürchten hat.

4.
Bilder, die die Kraft zur Heilung haben

Türen zum Seelengrund

Es gibt ein Mittel gegen die krankmachenden und lähmenden Bilder, die uns von der eigenen Quelle abschneiden: Wir können in unserer eigenen Seele nach Bildern suchen, die uns entsprechen. Dieser Weg, in unserer Seele nach Bildern zu suchen, kann verschieden aussehen. Ich kann einfach in mich hineinhorchen und schauen, welche inneren Bilder aufsteigen. Gibt es da in mir Bilder, die mir gut tun? Wenn ich mich gleichsam von außen anschaue, welche Bilder kommen mir da in den Sinn? Wie sehe ich mich selber? Welches Bild bringt etwas in mir zum Fließen, zum Blühen?

Wenn ich mich still hinsetze, werden natürlich nicht nur heilsame Bilder in mir auftauchen, sondern auch all die Bilder, die sich in meinem Leben bisher eingeprägt haben. Gerade die Bilder, die mir als Kind vermittelt wurden, werden immer wieder in mir hochsteigen. Ob ein Bild meinem Wesen entspricht oder nicht, erkenne ich an seiner Wirkung auf mich. Wenn mich ein Bild lebendig macht, wenn es etwas in mir aufblühen lässt, wenn es mich in Einklang mit mir selbst bringt, dann kommt es meinem wahren Selbst nahe. Das Bild, das mir entspricht, bewirkt in mir Ruhe und zugleich Lebendigkeit. Allerdings muss ich immer wissen, dass mein wahres Selbst jenseits dieser heilsamen Bilder liegt. Die Bilder öffnen die Türe zu diesem innersten Kern. Aber der Kern selbst, der Seelengrund, das Seelenfünklein, wie Meister Eckehart es beschreibt, ist letztlich nicht mehr zu fassen. Die Bilder, die

die Mystiker davon entfaltet haben, laden uns ein, diesem innersten Selbst zu trauen. Im Schweigen werden wir eins mit diesem Selbst. Die heilsamen Bilder führen uns zum Selbst, während die krankmachenden Bilder uns nur in das verletzte Unbewusste führen, aber nicht zu unserem wahren Kern.

Kindheitsmomente – eine Quelle neuer Energie

Der andere Weg, mit Bildern in Berührung zu kommen, die mir gut tun, ist der Blick in die Kindheit. Ich gebe den Menschen, die ich begleite, oft die Aufgabe, in ihrer Kindheit den Momenten oder Situationen nachzuspüren, wo sie fasziniert waren, wo sie stundenlang spielen oder sich beschäftigen konnten, ohne müde zu werden, oder sich zu vergegenwärtigen, welche Gestalten, welche Geschichten sie damals angesprochen haben. Meine Erfahrung dabei ist: Wenn die Menschen von ihrer Kindheit erzählen, dann fangen sie in der Regel an, lebendig zu sprechen. Dann spürt man sofort, dass sie in Berührung sind mit ihrem inneren Bild, mit ihrer inneren Quelle.

Ein Mann erzählte mir, er konnte als Kind stundenlang kleine Bäche anstauen. Er baute mit Steinen einen Damm, um das Wasser anzustauen und es in eine andere Richtung zu lenken. Das hat zwar meistens keinen großen Erfolg gehabt. Er konnte den Bach nicht so anstauen, wie er wollte. Trotzdem hat er täglich neu begonnen, mit Leidenschaft Dämme zu bauen und die Bäche umzulenken. Als wir diese Erinnerung, die in ihm so lebendig hochkam, auf seine jetziges Leben hin bedachten, so kam ihm: Ja, mein Bild ist: Ich möchte den Lebenslauf von Menschen umlenken. Das ist das Bild für meine berufliche Tätigkeit in der therapeutischen Arbeit mit Menschen. Dort, wo der Fluss in eine falsche Richtung läuft, möchte ich ihn umlenken. Dort, wo der innere Seelenfluss stockt, wo es in der Seele einen Stau gibt, da möchte ich etwas zum Fließen bringen. Dieses Bild war für ihn motivierend. Es hat ihm Kraft geschenkt, es in der Begleitungsarbeit immer wieder zu probieren. Da ist vieles auch schief gelaufen. Und trotzdem hat er nie aufgegeben, sondern es immer wieder neu probiert, die Menschen zu begleiten, damit ihr Fluss zum Strömen kommt. Die Leidenschaft, mit der er als Kind Bäche angestaut und umgelenkt hat, hat ihm geholfen, auch jetzt als Erwachsener nicht müde zu werden. Bevor er seine Erinnerung erzählte, war er resigniert, weil er immer wieder Enttäuschungen erlebt hat. Die Erinnerung an die Bilder seiner Kindheit hat ihn wieder in Berührung gebracht mit seiner Leidenschaft und mit seiner Kraft und mit seinen Fähigkeiten.

Ein Gemeindereferent erzählte, wie leidenschaftlich er als Jugendlicher mit der Modelleisenbahn gespielt hat und dass er sich jedes Jahr an Weihnachten zusätzliche Waggons und Gleise wünschte. In der Meditation dieser leidenschaftlichen Erfahrung entdeckte er das Bild: Er möchte etwas zum Laufen bringen. Aber es geht nicht nur um

Bilder, die die Kraft zur Heilung haben

Funktionieren. Ihm war es vielmehr wichtig, dass der Zug auch durch schöne Landschaften fuhr. In ihm war das Bild: das Leben in seiner Gemeinde so zu organisieren, dass das Leben in Gang kommt, dass alle miteinander arbeiten, so dass der Zug der Gemeinde an Fahrt gewinnt, dass – wie es das Konzil als Bild für die Kirche geprägt hat – das Gottesvolk sich auf den Pilgerweg macht. Aber zugleich war ihm wichtig, dass genügend Erlebnisraum entsteht, dass man Zeit findet, die Landschaft zu genießen. Jeder hat andere Bilder in sich. Wenn er mit diesen inneren Bildern in Berührung ist, die seinem Wesen entsprechen, dann wird er lebendig, dann strömt seine Energie, dann blüht er auf.

Eine andere Frau erzählte, dass sie auf dem Dachboden mit großen Tüchern Räume aufgeteilt hat. Die entstandenen Räume hat sie dann verschieden gestaltet. Die Leidenschaft, mit der sie das immer wieder versucht hat, hat sie auf ihre jetzige Situation hin bedacht. Sie erkannte, dass sie im Einklang mit sich ist, dass ihre Energie fließt, wenn sie auch heute klare Räume schafft, Räume für die Familie, Räume für jeden einzelnen in der Familie, für sich selbst, für den Mann, für die Kinder. Und auch in ihrer Arbeit ist es ihr wichtig, den Arbeitsplatz gut abzugrenzen, um ihn so gestalten zu können, dass ihr die Arbeit Freude bereitet. Und es war ihr wichtig, in der Arbeit den Menschen, mit denen sie zu tun hat, einen ganz persönlichen Raum zu gewähren, den Raum, in dem sie sich angenommen und verstanden fühlen.

Ein Personalleiter erzählte mir, dass er als Jugendlicher leidenschaftlich gerne Fußball gespielt hat. Er hat schon gefiebert, wenn er mit dem Fahrrad zum Training oder dann zum Wettspiel gefahren ist. Als er diese Erinnerungen anschaute, spürte er: Sein Bild ist es, in seiner Firma eine gute Mannschaft aufzustellen, die gut zusammen passt, in der einer sich auf den anderen verlassen kann, die miteinander spielt, in der einer dem anderen eine Vorlage macht, damit er ins Spiel kommt. Ein Therapeut, der auch sehr gerne als Kind und Jugendlicher Fußball gespielt hat, sah das als Bild, seine Arbeit spielerisch zu gestalten. Die Freude, die er beim Fußballspiel hatte, hat er auch in seine Arbeit mitgenommen. So wurde er nie müde bei all den Therapiegesprächen, sondern war immer neugierig, neue Spielzüge zu inszenieren, damit der Gegner – die falschen Lebensmuster – überwunden werden konnte.

Nicht nur die Erinnerung an unsere Spiele und das Verstehen dessen, was sie in uns ausgelöst haben, hilft uns, mit den inneren Bildern in Berührung zu kommen, die jetzt die Quelle in uns wieder strömen lassen. Es kann auch weiterführen, die frühen Berufswünsche wieder anzuschauen. Ein Mann war als Kind immer begeistert von der Eisenbahn. Er wollte unbedingt Lokführer werden. Er ist es nicht geworden. Doch das Bild, mit einer kleinen Lokomotive einen langen Zug zu bewegen, ist ihm geblieben. Er hat als Firmenchef viele Menschen bewegt. Er hat in seinem Leben etwas in Bewegung gebracht. Er ist nicht stehen geblieben. Manche meinten, sie würden sein Arbeitspensum nicht aushalten. Doch dieses Bild, etwas in Bewegung zu bringen, hat ihm Kraft geschenkt. Die innere Quelle ist nicht versiegt. Wer aus dieser inneren Quelle arbeitet, der braucht keine Angst zu haben, dass er sich erschöpft.

Allerdings kann das Bild auch zur Falle werden. Im Alter braucht es dann auch andere Bilder, die dieses ursprüngliche Bild ergänzen. Da ist etwa das Bild, dass die Quelle eingefasst werden muss, damit sie nicht versiegt. Wir müssen in einer neuen Lebensphase lernen, uns abzugrenzen, damit die Quelle noch lange fließen kann. Und es kommt nicht mehr darauf an, möglichst viel in dieser Welt zu bewegen. Vielmehr geht es nun darum, etwas zu sein, einfach da zu sein, ohne sich unter den Druck zu setzen, möglichst viel leisten oder bewegen zu müssen. Gerade indem der ältere Mensch einfach da ist, wird er zum Segen für die Menschen. So brauchen wir also im Alter andere Bilder, die unserem Wesen im Alter entsprechen.

ÜBUNG: *Setze dich still hin und schließe die Augen. Lass die Erinnerungen an deine Kindheit in dir aufsteigen. Was hast du gerne als Kind gespielt? Wohin hast du dich gerne zurückgezogen? Wo hast du dich wohl gefühlt? Wo konntest du dich stundenlang beschäftigen, ohne müde zu werden? Was hat dich da angetrieben, fasziniert? Dann vergleiche die Erinnerungen an deine Spiele als Kind mit deinem Leben, wie es jetzt abläuft, mit der Arbeit, die du jetzt inne hast. Und dann frage dich, wie weit das Spiel in der Kindheit zum Bild werden kann für das, was du jetzt tust. Wenn du dich an nichts erinnerst, dann schaue die Bilder von dir aus deiner Kindheit an. Meditiere das Gesicht, die Körperhaltung des Kindes. Was begegnet dir darin? Was erkennst du in dem Kind? Was war die Quelle, aus der dieses Kind gelebt hat? Worüber konnte es sich freuen? Wovon war es begeistert? Komme in Berührung mit den*

Bildern, die das Kind geprägt haben. Dann wirst du jetzt in dir Fähigkeiten und Möglichkeiten entdecken, die dir jetzt gut tun. Und du wirst Bilder für deine jetzige Tätigkeit finden, die dir heute genügend Kraft schenken, ohne müde zu werden, das zu tun, was dir heute aufgetragen ist.

Imagination von guten Bildern

Luise Reddemann, eine führende Traumatherapeutin, verwendet in der Traumatherapie die Methode der Imagination. Sie hat durch ihre Arbeit mit traumatisierten Menschen erkannt, dass es oft eine Überforderung für die Kranken ist, die traumatischen Bilder, die sich in ihre Seele durch ein Ereignis eingeprägt haben, anzuschauen und aufzuarbeiten. Heilsamer ist es, sich gute Bilder einzubilden. Sie rät z.B. in einer Übung dazu, sich einen inneren sicheren Ort vorzustellen, in dem man sich wohl fühlt, geborgen und sicher ist. Dort kann man längere Zeit verweilen. In einer anderen Übung geht es darum, sich den inneren Helfer vorzustellen. Wir haben in uns Selbstheilungskräfte, die uns zu Hilfe kommen. Solch ein innerer Helfer kann auch ein Engel sein. Wir können auch an einen Schutzengel glauben, der mit uns geht. Er hat uns zwar nicht vor dem Unfall oder einem anderen schlimmen Ereignis geschützt. Aber er umgibt unseren inneren Personenkern gleichsam mit seinen schützenden Flügeln, so dass unserem Kern nichts passieren kann. Reddemann sieht bei diesen beiden Übungen eine Parallele zur Heilungsmethode der Schamanen. Die Schamanen »gehen nämlich in der Vorstellung an einen Ort im Innern der Erde und treffen dort ihre Geistführer, die ihnen mit Rat und Hilfe beistehen. Da schamanisches Heilen ein Heilen mittels Imagination darstellt und die älteste Form der Ausübung von Heilkunde ist, stelle ich mir vor, dass es in unserem kollektiven Unbewussten, wie Jung das genannt hat, ein Wissen gerade von diesen beiden Imaginationen gibt, das sich viele Menschen rasch verfügbar machen können.« (Reddemann 42)

Wir können uns vorstellen, dass wir in den Grund der Seele hinein gehen. Dort ist ein innerer Raum der Stille. Jesus sagt von diesem Raum: »Das Reich Gottes ist in euch.« (Lk 17,21) Dort, wo Gott in uns herrscht, sind wir frei von der Herrschaft der Menschen. Dort haben die Menschen mit ihren Erwartungen und Ansprüchen keine Macht über uns. Auch ihr Reden über uns dringt dort nicht hinein. Es gibt Menschen, die den ganzen Tag darüber nachdenken, was andere über sie denken. Sie verbrauchen damit viel Energie. In diesem inneren Raum sind wir geschützt von allem Gerede um uns herum. Dort sind wir auch heil und ganz. Dort kann uns niemand verletzen. Dort reicht auch die traumatische Erfahrung nicht hin. Dort ist ein Raum ohne Angst, ohne Verletzung, ohne Kränkung. Hier fühlen wir uns sicher. Es ist der Ort, wo wir in Berührung mit der Quelle des Heiligen Geistes sind. Der christliche Glaube sieht im Heiligen Geist den Geistführer, der uns mit seiner Kraft und seiner heilenden Energie erfüllt und uns den Weg zum Leben zeigt. Oder aber wir glauben, dass tief in unserem Herzen der Engel ist, der uns in Berührung bringt mit dem inneren Potential unserer Seele, das immer auch ein Potential an Selbstheilung ist.

Wer sich schwer tut, in der eigenen Seele nach inneren heilenden Orten zu suchen, der kann sich auch erinnern, wo er in der Außenwelt, etwa im Urlaub oder in der Kindheit, heilende Orte erlebt hat, an denen er sich geborgen gefühlt hat. Für eine Frau war es die Wohnung der Großmutter. Da hat sie sich geschützt gefühlt. Eine andere Frau erinnerte sich, wie sie als Kind gerne in der Natur war. Sie ist gerne auf Bäume geklettert. Dort hat sie sich bequem eingerichtet und das Leben von oben betrachtet. Dort war sie sicher vor Leuten, die etwas von ihr wollten. Und sie hatte Überblick. Für sie war das ein gutes Bild, sich auch heute vorzustellen: Ich sitze auf dem Baum, geschützt vom Laubdach. Ich bin eins mit der Natur, eins mit mir. Und ich kann die Situation in meinem Leben von oben aus in aller Ruhe betrachten. Das, was unten geschieht, ist nicht alles. Ich kann mich dem immer wieder entziehen, indem ich auf meinen inneren Baum steige und mich dort geborgen und geschützt fühle. Erst wenn man mit guten inneren Bildern in Berührung ist, kann man sich auch den Schreckensbildern stellen. Dabei ist es wichtig, dass wir uns immer auch von diesen Bildern distanzieren können, wenn sie zu bedrohlich werden. Dann flüchten wir in den inneren Ort, in dem wir geschützt sind. Wenn wir dann wieder ganz bei uns sind, können wir von neuem versuchen, mit einem anderen Beobachter gemeinsam die traumatischen Bilder anzuschauen und sie dadurch aufzulösen.

C. G. Jung hat ähnliches gedacht und als Psychohygiene entwickelt. Jung spricht von aktiver Imagination. Er versteht darunter, dass der Mensch Bilder des Unbewussten mit seiner Phantasie ausmalt. Er definiert die aktive Imagination so: »Diese ist eine von mir angegebene Methode der Introspektion, nämlich der Beobachtung des Flusses innerer Bilder: man konzentriert die Aufmerksamkeit auf ein eindrucksvolles aber unverständliches Traumbild oder auf einen spontanen visuellen Eindruck und beobachtet, welche Veränderungen am Bilde stattfinden.« (Jung Band 9/I,207) Man kann diese aktive Imagination sehr gut bei der Traumdeutung verwenden. Anstatt den Traum rational zu deuten, versuche ich, ihn nochmals in der Phantasie durchzugehen. Man kann sich das so vorstellen: Ich sitze ganz allein im Kino vor einer großen Leinwand. Neben mir ist ein Filmapparat. In diesen Apparat lege ich meinen Film ein. Ich lasse den Film laufen. Ich kann die Geschwindigkeit regulieren. Ich kann den Film ganz langsam laufen lassen. Ich kann ihn zum Stehen bringen. Dann befrage ich die Bilder, die Personen, die Dinge, die ich im Traum sehe: »Was willst du mir sagen? Warum stellst du dich mir in den Weg?« Durch diesen Dialog entstehen vielleicht andere Bilder. Oder der Traum läuft in der Phantasie weiter und kommt in eine ganz andere Richtung. Das phantasievolle Weiterträumen gibt dann oft eine neue Deutung. Auf einmal verstehen wir den Traum. Jung meint, in der Imagination sollten wir einfach die Bilder hochkommen lassen, die von alleine kommen. Er nennt das Geschehenlassen und meint, wir westlichen Menschen hätten das verlernt: »Man muss geschehen lassen können. Ich habe vom Osten gelernt, was er mit Wu Wei ausdrückt, nämlich das Nicht-Tun, das Lassen. Auch andere haben das erkannt, so Meister Eckhardt, wenn er davon spricht, ›sich zu lassen‹.« (Jung, Band 7, 203)

Bei der aktiven Imagination eines Traumes muss ich den Traum nicht unbedingt weiterträumen oder mit den Personen oder Gegenständen des Traumes ins Gespräch kommen. Oft genügt es einfach, das Traumbild nochmals anzuschauen und es zu verinnerlichen. Eine Frau träumte, dass sie in einem Haus war und dort die verschiedenen Räume erforschte. Auf einmal kam sie in einen lichtdurchfluteten weiten Raum. In diesem Raum fühlte sie sich geborgen, von Licht erfüllt. Es ist nicht nötig, diesen Traum zu deuten. Die heilsame Wirkung des Traumes entfaltet sich, wenn die Frau dieses Bild des lichterfüllten Raumes meditiert und in sich einbildet. Dann kommt sie in Berührung mit dem inneren Raum ihrer Seele, der voller Licht ist, in dem der ursprüngliche Glanz des göttlichen Bildes in ihr aufstrahlt. Eine andere Frau, die das Gefühl hatte, ihr Leben sei erstarrt, träumte von einem kleinen Kind, das sie im Arm hatte. Das Kind war so lebendig und sein Gesicht so voller Liebe. Wenn sie sich dieses Bild einbildet, kommt sie in Berührung mit dem inneren Kind in sich, mit dem Neuen, das in ihr aufgebrochen ist. Das Kind steht für das ursprüngliche und unverfälschte Bild, das Gott sich von der Frau gemacht hat. Und es steht für die innere Erneuerung, für das frische Leben, das ihr aufblüht. Diese Lebendigkeit ist schon in der Frau. Indem sie das Bild sich einbildet, wird diese Lebendigkeit in ihr immer stärker. Und sie kommt mehr und mehr in Berührung mit dem inneren Kind. Es ist ein heilsames Bild, das mehr wirkt als alle Appelle an ihren Willen, ihr Leben neu zu ordnen.

Methoden der Imagination werden heute in vielen Bereichen angewandt. Der amerikanische Arzt Carl Simonton hat die Imagination für die Heilung von Krebserkrankungen entwickelt. Der Krebskranke soll sich vorstellen, wie eine Energie von Licht in die Krebszellen eindringt und sie von innen her heilt. Solche Imaginationen sind kein Wundermittel. Aber sie können den Heilungsvorgang unterstützen. Heidrun Vössing hat die Imagination als gute Methode beim Coaching beschrieben. »Viele der Themen, die im Coaching eine große Rolle spielen, wie beispielsweise die Entwicklung neuer Perspektiven oder der Karriere, die Bewältigung von Krisen und der Umgang mit Stress, Konflikte mit Vorgesetzten, Mitarbeitern oder Kunden, die Balance zwischen Berufs- und Privatleben sowie die Vorbereitung auf wichtige Gespräche oder entscheidende Präsentationen, lassen sich sehr gut mithilfe der jeweils geeigneten Imaginationstechnik bearbeiten.« (Vössing 57)

Der Therapeut Helmut Kuntz, der gute Erfahrungen mit der Kunst der Imagination gemacht hat, leitet seine Klienten an, die Angst vor bestimmten Situationen haben, sie sollten sich vorstellen, dass ein »hilfreiches Wesen« auf sie zukommt, ganz freundlich, aber zugleich voller Kraft. Dieses »hilfreiche Wesen« lädt der Klient in der Imagination dann ein, sich auf seine Schultern zu setzen. Sie sollen sich vorstellen, dass dieses hilfreiche Wesen sie jetzt immer begleiten wird, um sie, »fortan mit seinem Wohlwollen und Mitgefühl, mit seiner Stärke und Wehrhaftigkeit oder mit Rat und Weisheit auf ihrem weiteren Lebensweg unterstützend zu begleiten«. (Kuntz 163f.) Einem Drogensüchtigen bietet er die Imagination »Die Schale der Vergebung«. Der Klient stellt sich vor, wie eine liebende und wohlwollende Person mit einer goldenen Schale auf ihn zukommt und ihn einlädt, in diese Schale all seine Schuldgefühle, seine Gefühle von Niedergeschlagenheit, von Minderwertigkeit und Wertlosigkeit und seine Schamgefühle hinein fließen zu lassen. Als ich dieses Buch und die Imaginationsübungen las, dachte ich mir: In unserer christlichen Tradition haben wir genügend heilende Bilder, die wir uns einbilden könnten. Statt des »hilfreichen Wesens« können wir uns einen Engel vorstellen oder Jesus, der uns überall begleitet. Wir sollten nur Mut finden, mit diesen Bildern auch so umzugehen, dass sie den Menschen in ihren konkreten Nöten wirklich helfen. Bei der Übung »Die Schale der Vergebung« wurde mir bewusst, dass es nicht hilft, nur über Vergebung zu predigen. Es braucht konkrete Übungen, die uns die Erfahrung der Vergebung ermöglichen. Da sind solche Bilder wie die Schale der Vergebung durchaus hilfreich.

In der geistlichen Begleitung verwende ich die Vorstellungskraft oft, wenn sich Menschen schwer tun, im Gespräch bei sich zu bleiben. Sie haben z.B. Angst, mit einem Mitarbeiter oder einem Vorgesetzten zu reden. Sie haben den Eindruck, dass sie sich zu sehr vom andern bestimmen lassen, dass der sie in Muster hineindrängt, die sie eigentlich nicht möchten. Dann gebe ich folgende Übung an: »Stellen Sie sich vor: Sie sitzen in Ihrem Zimmer daheim, dort, wo Sie sich am wohlsten fühlen. Sie sind ganz entspannt. Sie müssen gar nichts tun. Sie genießen einfach, da zu sein, sich selbst zu spüren. Sie spüren den Atem und fühlen sich eins mit sich. Wenn Sie dieses Gefühl haben, dann stellen Sie sich vor: Jetzt kommt diese oder jene Person, mit der Sie Probleme haben. Sie bleiben ganz bei sich. Sie hören an, was die Person sagt, wie sie reagiert. Aber Sie spüren immer wieder, dass Sie ganz bei sich sind. Was würden Sie dann dieser Person sagen? Wie würden Sie auf ihre Kritik oder auf ihre Forderung reagieren? Wenn Sie das Gefühl haben, dass Sie sich wieder zu sehr von dieser Person beeindrucken lassen, kommen Sie wieder zu sich selbst zurück und spüren den eigenen Atem. Halten Sie die Hände auf den Bauch und spüren Ihre eigene Kraft. Dann werden Sie aus sich heraus sprechen. Sie haben das Heft in der Hand und lassen sich nicht von der Person die Rolle zuweisen.« Wenn ich das für mich in der Vorstellung durchspiele, gelingt es mir meistens auch in der Realität. Zumindest verliere ich die Angst vor dem anderen. Wenn es beim nächsten Mal noch nicht gelingt, kann ich die Übung nochmals machen. Irgendwann werde ich dann auch in der Realität das tun, was ich mir in der Vorstellung ausgemalt habe. Die inneren Bilder verändern auch mein Verhalten.

Die Methode der Imagination wird oft im Sport, insbesondere bei Leistungssportlern verwandt. Man stellt sich die Turnübung, den Wurf, den Schuss, den Abfahrtslauf in der Vorstellung vor. Dann gelingt es auch in der Realität besser. Man hat das Experiment etwa mit Basketballspielern gemacht. Die eine Gruppe von Spielern übte den

Wurf in der Realität. Die andere Gruppe visualisierte die Würfe. Die Spieler sollten sich im Geist vorstellen, wie sie den Ball in den Korb warfen. Die Gruppe, die sich den Ballwurf im Geist vorstellte, erzielte in der Wirklichkeit bessere Resultate als die Gruppe, die den Wurf physisch übte. Das zeigt: Die Bilder ermöglichen uns durchaus auch neue Verhaltensweisen. Sie bleiben nicht nur Vorstellung, sondern schaffen im Gehirn eine Basis für neue Möglichkeiten des Handelns.

ÜBUNG: *Stelle dir vor: Du musst zu einer schwierigen Besprechung gehen. Du gehst nicht allein. Dein Engel geht mit dir. Dein Engel steht zu deiner Rechten, damit du zu dir selber stehen kannst. Und der Engel flüstert dir ein, was du sagen sollst, wie du reagieren sollst auf die Aussagen und Anklagen der anderen. Du reagierst nicht sofort, sondern hörst auf den Engel, der dir ins Ohr flüstert, was du sagen sollst. Und stelle dir vor: Du lehnst dich mitten in der Sitzung zurück, schaust mit den Augen deines Engels auf die Sitzung und sprichst mit dem Engel darüber, was da eigentlich abläuft. Dann wirst du nicht hinein gezogen in die Streitigkeiten der andern. Dein Engel hält dich heraus. Er gibt dir Abstand, damit du vom Abstand besser beurteilen kannst, was da gespielt wird. Und zugleich zeigt dir dein Engel, wie du reagieren kannst auf die Aussagen der anderen.*

Heilende Symbole und Rituale

Eine heilsame Wirkung haben auch die Symbole auf die menschliche Seele. Das Wort »Symbol« kommt von »symballein = zusammenwerfen, zusammenfügen«. Symbol ist ein Gegenstand, der auf etwas anderes verweist. Alle Religionen kennen Symbole. Symbole geben, religiös verstanden, dem Menschen Anteil am Heiligen. Die christliche Deutung des Symbols geht auf den Gedanken Platons zurück, dass das Abbild uns Teilhabe am Urbild schenkt. In unserer Zeit hat sich vor allem C. G. Jung mit der heilenden Wirkung des Symbols beschäftigt. Seine Überzeugung: Durch Symbole werden unbewusste Inhalte ins Bewusstsein übergeleitet, gedeutet und auf diese Weise integriert: »Geschieht dies nicht, so fließt deren oft beträchtliche Energie auf normalerweise wenig betonte, bewusste Inhalte ab und erhöht deren Intensität zu pathologischen Graden. Daraus entstehen scheinbar grundlose Phobien und Obsessionen, wie überspannte Ideen, Idiosynkrasien, hypochondrische Vorstellungen und intellektuelle Perversitäten, die sich je nachdem sozial, religiös oder politisch tarnen.« (Jung, Band 9 II, 181f.) Die Symbole haben also die Aufgabe, die Gegensätze in der menschlichen Seele zu vereinen, so dass sie sich nicht mehr »bekämpfen, sondern sich gegenseitig ergänzen und das Leben sinnvoll gestalten«. (Jung, Träume, Erinnerungen 341)

Symbole sind etwas anderes als klare Begriffe. »Sie versuchen nur, in eine bestimmte Richtung zu weisen, nämlich zu jenen dunklen Horizonten, hinter denen das Geheimnis des Seins verborgen ist.« (Briefe III 15f.) Aber dennoch haben sie eine wichtige Aufgabe. Daher kritisiert C. G. Jung den Entmythologisierungsversuch von Rudolf Bultmann, der zu einer Verarmung der Symbolik führt. »Was übrig bleibt, genügt nicht mehr, um die reiche (und so gefährliche) Welt des Unbewussten auszudrücken, sie ans Bewusstsein anzuschließen oder je nachdem auch zu bannen. Der Protestantismus wird damit noch langweiliger und armseliger, als er schon ist.« (Briefe II 210f.) Daher plädiert Jung immer wieder dafür, die Symbolik der christlichen Tradition für die Menschen von heute aufzuschließen. Die zentralen Symbole sind für Jung Christus, der den Menschen mit seinem Selbst in Berührung bringt, und das Kreuz, das die Gegensätze in der menschlichen Seele vereint. Das Kreuz – in der christlichen Symbolik auch der Lebensbaum – zeigt aber noch eine andere Versöhnung: »die Versöhnung des Menschen mit seinem vegetativen (= unbewussten) Leben.« (Briefe II 391)

Solche heilenden Symbole, die im Menschen das Bewusste und das Unbewusste miteinander verbinden und die Licht- und Schattenseiten vereinen, sind für C. G. Jung etwa der Adler, der Bär, der Drache, der Fisch, die Kirche, der Kreis, die Kugel, die Schlange, das Schwert und der Stein. Der Adler ist allsehend, er ergreift die Beute und hebt sie empor. Er steht für Gott, der alles in uns sieht und uns befreien möchte aus der Gefangenschaft durch rein rationales Denken. Der Bär symbolisiert die wilde Energie und Kraft, die in uns steckt. Der Drache weist auf unsere Schattenseiten hin. Manches am Schatten muss getötet werden, wie das der heilige Georg tut. Doch es gibt auch die Integration des Schattens, für die die heilige Margarete steht, die den Drachen zähmt. All diese Symbole haben in ihrem Bedeutungsgehalt immer eine gewisse Bandbreite. Sie lassen sich nie nur durch einen Begriff ausdrücken. Aber was ihnen gemeinsam ist, ist ihre heilsame und versöhnende Wirkung auf die Seele des Menschen. Symbole leiten die Libido, die seelische Energie des Menschen so um, dass sie ihm als Person zur Verfügung steht.

Der Fisch ist ein Symbol der Fruchtbarkeit, aber auch ein Symbol des Todes. Für die Christen wurde er zum Symbol für Christus. Denn seine griechischen Buchstaben (ichthys) bezeichnen die Aussage: Jesus Christus Sohn Gottes, Retter. Zugleich ist der Fisch im Christentum ein Bild für die geistige Nahrung. Zusammen mit dem Brot stehen sie für die heilige Mahlzeit, für die Eucharistie. Die Kirche steht für den Raum Gottes mitten in der Welt und für die Riten der Verwandlung und Menschwerdung, die in ihr vollzogen werden. Oft genug ist sie auch Symbol für die mütterliche Geborgenheit, die der Mensch in Gott findet. Der Kreis ist ein Symbol der Einheit und Vollkommenheit. Oft war er ein Symbol des Schutzes gegen böse Geister. Ähnlich ist die Kugel ein Symbol der Einheit aller Gegensätze, die in ihr aufgehoben sind. Sie steht für das Universum. Die Schlange hat in der Geschichte der Menschheit eine wichtige Rolle als Symbolträgerin gespielt. Sie steht für die ständige Erneuerungskraft. Im Judentum galt die Schlange als Urbild der Sünde. Gott schickt den Israeliten zur Strafe für ihre Rebellion eine giftige Schlange, die sie töten. Doch auf Befehl Gottes soll

Mose eine eherne Schlange errichten. Sie gilt für die heilende Schlange. Sie wird für die Christen zum Symbol für Christus, der unsere Wunden heilt. Für die griechischen Ärzte war die Schlange Symbol der heilenden Kraft. Christus wurde dann als der wahre Arzt gepriesen. Die eherne Schlange wird schon im Johannesevangelium zum Bild für Christus, der am Kreuz unsere tiefsten Wunden heilt. (Vgl. Joh 3,14)

Jesus selbst wird oft mit einem zweischneidigen Schwert dargestellt. Das Schwert ist Symbol für die Entscheidung und die Trennung in Gut und Böse. Zugleich ist es Symbol der Gerechtigkeit. Es kann aber auch Symbol der Macht und für die Schrecken des Krieges sein. Symbole sind immer vielschichtig. Das gilt auch für das Symbol des Steines. Der Stein kann Ausdruck der Verbindung zwischen Himmel und Erde sein. Wegen seiner Härte steht er für die ewige unveränderliche göttliche Macht. In den Psalmen wird Gott oft als Fels bezeichnet, der uns Halt und Schutz gewährt. Grabsteine bedeuteten in der Frühzeit Schutz der Toten vor feindlichen Mächten. Jakob errichtet aus dem Stein, an dem er geträumt hat, einen Altar. Was die Symbole im einzelnen bedeuten, zeigt immer der Zusammenhang. Gerade in Träumen tauchen diese Symbole immer wieder auf. Sie verweisen immer auf das Numinose, das Geheimnisvolle, das unsere menschliche Existenz umgibt. Sie zeigen, dass der Mensch in seiner Seele offen ist für die spirituelle Dimension des Lebens, letztlich für Gott.

C. G. Jung nennt die Symbole »Umformer, indem sie Libido aus einer niederen Form in eine höhere überleiten«.

(Jung, Band 5, 296) Wie das geschehen kann, zeigt er am Beispiel der Mutter. Wenn ein Mann noch zu sehr an die Mutter gebunden ist, dann bleibt er infantil. Er reift nicht zum Mann heran. Jung beschreibt das so: »Wenn er seine am Kindheitsmilieu haftende Libido gewähren lässt und nicht zu höheren Zielen befreit, dann steht er unter dem Einfluss unbewussten Zwanges. Das Unbewusste schafft ihm, wo er auch immer sei, stets wieder das Infantilmilieu durch Projektion seiner Komplexe, wodurch die gleiche Abhängigkeit und Unfreiheit, welche das Verhältnis zu den Eltern kennzeichneten, jedes Mal wieder aufs neue und ganz gegen sein vitales Interesse hergestellt werden.« (Jung, Band 5, 524f.) Der Mann sucht sich dann in Gruppen ein Milieu, in dem er genauso infantil bleibt wie in der Nähe der Mutter. Wenn er aber die Wurzel seiner Mutter abschneidet, dann fehlt ihm eine wichtige Energie, die er zum Leben braucht. So muss die seelische Energie auf ein Symbol der Mutter übergeleitet werden. Solche mütterlichen Symbole sind die Kirche oder auch das Kreuz, das ja in der christlichen Tradition mit dem Bild des Lebensbaumes zusammen gesehen wird. Diese Umwandlung geschieht nicht einfach, indem ich das Symbol des Kreuzes oder der Kirche anschaue. Sie braucht Rituale, bei denen die seelische Energie verwandelt wird. So ein mütterliches Ritual ist z.B. die Taufe, die ja in der Tradition als zweite Geburt oder als Wiedergeburt bezeichnet wird. Der Mensch bekommt durch so ein Ritual und durch den ständigen Umgang mit den Symbolen der Kirche den Anschluss an eine mütterliche Energie, die ihn nicht festhält, sondern wachsen lässt. Es ist sicher eine wichtige Aufgabe christlicher Sozialisation in der Zukunft, diese positive

transformierende Kraft der Symbole neu in ihrer existen-
tiellen Bedeutung zu erschließen.

ÜBUNG: *Stelle dich aufrecht hin und breite deine Arme
waagrecht aus, so dass du in der Haltung des Kreuzes
stehst. Sage dir in diese Haltung hinein das Wort Jesu:
»Vom Kreuz herab werde ich alle an mich ziehen.« (Vgl.
Joh 12,32) Die Kreuzgebärde ist eine Gebärde der Umar-
mung. Jesus umarmt am Kreuz alle Gegensätze in uns und
lässt seine Liebe in alle Gegensätze in mir hineinströmen.
Stelle dir vor, dass du in dieser Gebärde wirklich die ganze
Welt umarmst, dass alles, was in der Welt ist, auch in dir ist.
Deine Finger hören nicht dort auf, wo sie von der Haut
umschlossen sind. Stelle dir vor, dass sie ins Unendliche hinein greifen. Die Lateiner sagen: Nihil humanum mihi
alienum = Nichts Menschliches ist mir fremd. Du kannst
dir vorstellen: Nichts Kosmisches ist mir fremd. Alles, was
ich in der Welt sehe, ist auch in mir: das Helle und Dunkle,
das Gute und Böse, das Heile und das Zerbrochene, das
Gelungene und das Misslungene, Licht und Schatten. In
dieser Gebärde meditierst du nicht nur das Symbol des
Kreuzes, du lässt es in deinen Leib hinein. Du bist das
Kreuz, du bist die Einheit aller Gegensätze. Und du spürst
in dieser Gebärde Weite, Freiheit, Offenheit, Liebe. Vielleicht werden dir die Arme allmählich schwer. Es ist nicht
immer einfach, alle Gegensätze in sich auszuhalten. Es gelingt nur, wenn du die Liebe Jesu und wenn du deine eigene Liebe in diese Gegensätze strömen lässt. Dann wird
deine Gebärde zu einer Erfahrung des Kreuzes: der heilenden und vereinenden Kraft des Kreuzes und der Liebe,*

mit der Jesus uns am Kreuz – nach einem Wort des Johan-
nesevangeliums (Joh 13,1) – bis zur Vollendung geliebt
hat.

Berührung mit dem wahren Selbst

Bildung besteht nach Platon – wie wir oben ausgeführt haben – darin, dass wir uns gute Bilder einbilden. Dazu stehen uns auch die Bilder zur Verfügung, die uns die Bibel
als heilend und gut anbietet. Indem wir sie meditieren,
können wir sie in uns einbilden. Das ist nicht etwas, was
wir uns überstülpen. Vielmehr bringen uns die biblischen
Bilder mit den heilenden Bildern in Berührung, die in unserer Seele schlummern. C. G. Jung erklärt das so, dass die
konkreten Bilder der Bibel den Menschen deshalb so tief
berühren, weil sie die archetypische Konstellation in seiner Seele ansprechen. Das zentrale Bild, das wir uns einbilden sollen, ist Jesus Christus selbst. Für C. G. Jung ist
Christus nicht nur die historische Person, die vor 2000
Jahren gelebt hat, sondern auch ein Archetyp des Selbst,
der in uns die Sehnsucht nach dem wahren Selbst anrührt.
»Dieser Archetyp des Selbst hat in jeder Seele auf die Botschaft geantwortet, so dass der konkrete Rabbi Jesus in
kürzester Frist vom konstellierten Archetypus assimiliert
wurde. So verwirklichte Christus die Idee des Selbst.«
(Jung GW, Bd 11,170) Was vom Bild Jesu Christi gilt, der
uns in Berührung bringt mit unserem wahren Selbst, das

gilt auch für die anderen Bilder der Bibel. Sie sprechen wichtige Sehnsüchte im Menschen an. Indem wir uns diese Bilder einbilden, kommen wir in Berührung mit unserem wahren Selbst mitten in den Bedingungen dieser Welt.

Bevor ich einige biblische Bilder vorstelle, möchte ich die Lehre der Kirchenväter vom Menschen als dem Abbild Gottes anschauen. Im Schöpfungsbericht heißt es in Gen 1,26: »Dann sprach Gott: Lasst uns Menschen machen als unser Abbild, uns ähnlich.« Die hebräischen Worte »selem« und »demut« bedeuten eigentlich das Gleiche. In der griechischen Übersetzung werden jedoch zwei verschiedene Worte benutzt. Gott schuf den Menschen nach dem Bild Gottes (kat' eikona) und zu seinem Gleichnis, zu seiner Ähnlichkeit (kat' homoiosin). Die griechischen Kirchenväter sehen darin einen Unterschied. Der Mensch ist von Natur aus nach dem Bild Gottes geschaffen. Aber seine Aufgabe besteht darin, durch Gebet und Askese immer mehr diesem ursprünglichen Bild Gottes ähnlich zu werden. Das wahre Abbild ist Jesus Christus. Der Mensch ist Abbild dieses Abbildes. Christus ist der Archetyp des Menschlichen. Unsere Aufgabe besteht darin, unsere Gottähnlichkeit immer mehr zu verwirklichen, indem wir dem Bild Jesu Christi ähnlich werden, seine Botschaft verinnerlichen, uns von seinem Geist durchdringen lassen und in unserem Reden und Tun diesen Geist Jesu auch nach außen bringen. (Vgl. Thunberg, 300f.) Für Origenes enthält der Begriff des Abbildes eine Dynamik: »Abbild steht nicht nur für einen Zustand, sondern auch für eine Möglichkeit; diese Möglichkeit kommt nur zur Blüte, wenn Menschen durch Christus befreit sind aus der Versklavung an die Sünde und fähig werden, ihre bei der Schöpfung geschenkten Fähigkeiten zur vollen Reife zu entwickeln.« (Thunberg 306) Der Mensch, der nach dem Bild Gottes geschaffen ist, soll wie Gott werden, indem er als Mensch reift und sein Menschsein zur Erfüllung bringt. Ein Weg, das Bild, nach dem wir geschaffen sind, zur Ähnlichkeit mit Gott werden zu lassen, besteht darin, sich die biblischen Bilder einzubilden. Auf diese Weise verwandeln sie uns immer mehr zu dem Menschen, der Gottes Bild und damit unserem wahren Wesen entspricht.

Biblische Bilder und Gleichnisse

Im Folgenden möchte ich einige biblische Bilder beschreiben, die ihre heilsame Kraft in uns entfalten können und auf die ich selber gerne immer wieder zurückgreife.

Da ist das Bild des brennenden Dornbusches. Der *Dornbusch* steht für das Übersehene, Vertrocknete, Wertlose, Gescheiterte in unserem Leben. Mose selbst erkennt sich im Dornbusch. Denn er ist mit seinem Versuch, seine Volksgenossen in Ägypten zu verteidigen, gescheitert. Jetzt lebt er in der Fremde, ausgeschlossen vom pulsierenden Leben, gleichsam in der Wüste wie der Dornbusch. Doch Mose sieht auf einmal, wie der Dornbusch brennt, ohne zu verbrennen. (Ex 3,2f.) Gottes Herrlichkeit leuchtet in dem Feuer des Dornbusches auf. Das ist ein Bild für uns. Wir bleiben ganz und gar Mensch, mit unseren Fehlern und Schwächen, mit unserem Scheitern und dem Übersehenen und Verachteten in uns. Doch mitten in der Realität unseres Leibes und unsrer Seele leuchtet Gottes Herrlichkeit auf. Wir sind der Ort der Herrlichkeit Gottes. Gottes Licht leuchtet in uns und durch uns hindurch, ohne dass wir abheben, sondern gerade in unserer Menschlichkeit und unserer irdischen und oft genug banalen Existenz. Wenn wir dieses Bild in uns einbilden, dann können wir uns annehmen, wie wir sind. Und es wächst in uns das Vertrauen, dass in uns Gottes Schönheit strahlt. Aber wir können damit nicht angeben. Wir können nur wie Mose die Schuhe ausziehen und dankbar wahrnehmen, dass Gott auch uns fehlerhafte Menschen würdigt, Ort seiner strahlenden Gegenwart in dieser Welt zu sein. Dieses Bild half einem Mann, der in seinem Lebenstraum, mit seiner Firma eine menschliche Arbeitsatmosphäre zu schaffen, gescheitert ist, weil die Firma aufgekauft wurde. Er fühlte sich wie Mose: wertlos, gescheitert, ohne Kraft. Alles, worauf er seine Hoffnung gesetzt hat, ist ihm zerbrochen. Als er dieses Bild meditierte, spürte er zuerst einmal die Erlaubnis, sich sein eigenes Scheitern einzugestehen, sich einfach einmal so zu lassen, wie er sich gerade erlebte. Und dann half ihm der Gedanke, dass Gottes Herrlichkeit gerade in den Trümmern seines Lebens aufleuchtet, dass in seiner Ohnmacht die Verheißung eines göttlichen Lichtes und eines göttlichen Weges steckt, die wie der Weg des Mose zum Segen für viele andere werden kann.

Ein anderes Bild ist das vom *Tempel Gottes*. Johannes hat die Vertreibung der Händler aus dem Tempel bildhaft verstanden. (Joh, 2,13–22) Wir sind oft Markthalle. In uns lärmen die Händler, die Gedanken, die sich gegenseitig überschreien. In uns gibt es Geldwechsler, das sind die Gedanken: Wie werde ich gehandelt auf dem öffentlichen Markt? Wie ist mein Marktwert? Was halten die Menschen von mir? Und in uns sind Rinder – das Triebhafte –, Schafe – das Oberflächliche –, und Tauben – die Gedanken, die hin- und herflattern. Jesus vertreibt dieses innere Chaos in uns und macht uns zum Tempel Gottes. Das führt zu einer neuen Selbsterfahrung. Wenn ich mich als Markthalle fühle, dann muss ich das innere Chaos zusammenhalten. Oft genug versuche ich das, indem ich die Muskeln zusammenziehe. Wenn ich mir das Bild des Tempels einbilde, dann spüre ich eine innere Weite und Schönheit. Ich ahne, dass Gott in mir wohnt. Das öffnet meinen Leib und meine Seele für ein Geheimnis, das größer ist als ich selbst. Ich fühle mich anders. In diesem Bild komme ich meinem wahren Wesen näher, während das Bild der Markthalle mein Wesen verstellt und verdunkelt.

Ich habe einen jungen Mann begleitet, der einer Markthalle glich. Er hatte Angst vor seinen homosexuellen Tendenzen und wollte sie unbedingt unter Verschluss halten. So hat er sich immer mehr verkrampft. Er wollte das innere Chaos zusammenhalten. Ihm war das Bild des Tempels hilfreich. Ich bin so, wie ich bin, Tempel Gottes. Gottes Herrlichkeit wohnt in mir. Wenn ich dieses Bild in mich einbilde, dann wird alles in mir weit. Alles wird erfüllt von Schönheit und Weite. Ich brauche meine sexuellen Phantasien nicht mehr zu unterdrücken. Wenn ich mich dem Bild des Tempels öffne, dann lösen sie sich auf, dann öffnet sich mein Herz der Schönheit Gottes, die in mir wohnt.

Johannes kennt noch ein anderes heilsames Bild. Es ist das Bild des *Brunnens*, in dem *lebendiges Wasser* sprudelt. Wir selbst sind so ein Brunnen. Und das lebendige Wasser, das nie versiegt und das uns erfrischt und belebt, ist der Heilige Geist selbst. Jesus nimmt das frische Wasser des Jakobsbrunnen als Bild für das, was er uns schenkt durch seinen Geist: »Wer von diesem Wasser trinkt, wird wieder Durst bekommen; wer aber von dem Wasser trinkt, das ich ihm geben werde, wird niemals mehr Durst haben; vielmehr wird das Wasser, das ich ihm gebe, in ihm zur sprudelnden Quelle werden, deren Wasser ewiges Leben schenkt.« (Joh 4,13f.) Viele Menschen haben das Gefühl, dass sie innerlich vertrocknen. Das Bild, das Jesus uns schenkt, möchte uns in Berührung bringen mit der inneren Quelle in uns, die nie versiegt. Diese Quelle ist letztlich gespeist vom Heiligen Geist. Er schenkt uns immer frische Ideen, neue Lebendigkeit und Kraft. Viele fragen bei so einem Bild: Ja das klingt schön, aber wie kann ich diese innere Quelle erfahren? Wir können die Erfahrung nicht erzwingen. Aber allein die Vorstellung, dass auf dem Grund meiner Seele diese Quelle strömt, verändert meine Selbstwahrnehmung. Ich stelle mir vor: Ich gehe durch all das innere Chaos, durch meine unerfüllten Bedürfnisse – wie die Frau am Jakobsbrunnen – hindurch und gelange auf dem Grund meiner Seele zu dieser lebendigen Quelle. Dann bleibe ich nicht darin stecken, zu jammern über meine innere Trockenheit. Dann erlebe ich mich anders.

Viele haben mir bestätigt, dass allein die Vorstellung von der inneren Quelle ihre Selbsterfahrung ändert. Sie fühlen sich auf einmal nicht mehr nur verausgabt. Sie ahnen, dass in ihnen eine Quelle ist, die nie versiegt. Indem sie sich die Quelle vorstellen, strömt sie auch in ihnen. Sie schaffen die Quelle nicht. Die Quelle ist auch ohne Vorstellung in ihnen. Aber sie sind von ihr abgeschnitten. Die Vorstellung bringt sie in Berührung mit der Quelle, die in ihnen ist. Das gilt für alle biblischen Bilder. Wir bilden uns nicht etwas Beliebiges ein, sondern wir kommen durch das Bild, das die Bibel uns anbietet, in Berührung mit der inneren Wirklichkeit, über die wir nur in Bildern sprechen können.

Die Weihnachtsgeschichte bietet uns andere heilende Bilder an. Christus wird im *Stall* geboren, in einer *Krippe*. Oder aber – wie die Ostkirche es sieht – in einer *Höhle*. Das sind wunderbare Bilder. C. G. Jung betont immer wieder, dass wir nur der Stall sind, in dem Christus geboren wird. Wir sind nicht blank geputzt, nicht perfekt oder steril. In uns ist das vitale Leben mit seinen Unregelmäßigkeiten und in seiner irdischen Dimension. Aber mitten im Stall wird Christus geboren. In der Krippe unseres Herzens liegt Christus, der das innere Chaos zusammen bindet und alles in uns in einem hellen warmen Licht erstrahlen lässt. Die Höhle steht für den Grund der Seele. Auf dem Grund unserer Seele geschieht die Gottesgeburt. Da liegt Christus in uns und bringt uns in Berührung mit unserem wahren Selbst. In dieser Höhle können wir gleichsam wie in einem Mutterschoß daheim sein und mit dem göttlichen Kind in uns in Berührung kommen. Das göttliche Kind ist – so sagt C. G. Jung – »ein die Gegensätze vereinigendes Symbol, ein Mediator, ein Heilbringer, das heißt Ganzmacher«. (Jung GW 9,1, 178) Das göttliche Kind verbindet in uns, was auseinander strebt. Es ist ein Bild für das wahre Selbst und drängt uns dazu, unser wahres Wesen zu verwirklichen. Und es ist Bild für die innere Erneuerung. Wenn wir das Bild des göttlichen Kindes in uns einbilden, dann wächst in uns die Hoffnung, dass wir einen neuen Anfang wagen. Es ist nie zu spät, anzufangen. Das göttliche Kind sagt uns: Jeden Augenblick ist Erneuerung möglich.

Andere Bilder, die wir uns einbilden sollen, bietet uns der Prophet Jesaja. Da ist das Bild der *Wüste, die aufblüht.* Die Wüste steht für das Vertrocknete in uns, für die innere Leere. Die Wüste, die unfruchtbar erscheint, blüht auf. (Jes 35,1f.) Ähnlich ist das Bild von den Quellen, die in der Wüste hervorbrechen (Jes 35,6) oder von dem *Wasser,* das Gott in der Steppe fließen lässt. (Jes 43,20) Viele fühlen sich ausgetrocknet, ausgebrannt, leer. Alles fühlt sich an wie Wüste oder Steppe, unfruchtbar und leblos. Doch mitten in der Wüste gibt es Brunnen, gibt es Ströme lebendigen Wassers. Wenn wir dieses Bild in uns eindringen lassen, dann kommen wir in Berührung mit dem Lebendigen und Frischen in uns, mit dem Heiligen Geist, der uns befruchtet und bewässert. Bei einem Kurs »Kloster auf Zeit« war einmal ein Manager, der seit 15 Jahren aus der Kirche ausgetreten war. Er beschrieb sich als ausgebrannte Rakete. Er hat weiterhin viel gearbeitet. Aber es kam wenig dabei heraus. Es war nur äußeres Tun, das nicht aus seiner Mitte strömte. Während seines Aufenthaltes im Kloster brachten ihn die biblischen Bilder, wie er sie in den Psalmen und in den Propheten hörte, in Berührung mit der inneren Quelle, mit dem Brunnen mitten in seiner Wüste. Er sog die Worte der Psalmen – etwa dass Gott die Quelle des Lebens ist (Ps 36,10) – wie ein trockener Schwamm in sich auf. Und mitten in seiner Wüste spürte er wieder lebendiges Wasser in sich.

Der Hebräerbrief spricht vom *Allerheiligsten*, in das Christus durch seinen Tod hineingeschritten ist. Der Autor meint: In der Hoffnung »haben wir einen sicheren und festen Anker der Seele, der hineinreicht in das Innere hinter dem Vorhang; dorthin ist Jesus für uns als unser Vorläufer hineingegangen.« (Hebr 6,19f.) Jesus selbst ist in das Allerheiligste auf dem Grund unserer Seele hineingegangen. Dort, in dem inneren Raum in uns, hinter dem Vorhang, für uns letztlich unsichtbar, dort ist Christus selbst in uns. Dort ist alles in uns heilig und heil. Dort kann niemand uns verletzen. Dort ist das Heilige, das der Welt entzogen ist, der Raum, in dem kein Mensch Macht hat über uns. Dort haben nur wir selber Zutritt. Aber kein Mensch mit seinen Erwartungen und Wünschen, mit seinen Urteilen und Verurteilungen hat dort Zutritt. Dort dürfen wir ausruhen, teilhaben an der Sabbatruhe Gottes. Dort ist alles in uns heil und ganz. Dort gibt es keine Verletzungen, keine Brüche, kein Scheitern. Dieses Bild schenkt uns Hoffnung, dass wir mitten in der Brüchigkeit unseres Lebens in uns etwas tragen, das dieser Brüchigkeit entzogen ist, einen Raum, in dem alles heilig ist, heil und ganz. Für eine Frau, deren Ehe zerbrochen war und die das Gefühl hatte, dass die juristischen Kämpfe um die Scheidung herum sie wund gerieben hatten, war das Bild des Allerheiligsten ein Hoffnungsbild. Mitten in ihrem Wundsein konnte sie sich in diesen inneren Raum zurückziehen, in dem alles heil war. Das gab ihr mitten in dem äußeren Chaos Halt und Geborgenheit.

In der Tradition galt der Evangelist Lukas als Maler. Er hat die Fähigkeit, so zu schreiben, dass ein Bild entsteht. Daher werden die Geschichten, die er uns erzählt, in unserem Innern zu Bildern, die sich in uns einbilden. Lukas war Grieche. Und als Grieche verstand er die Kunst des Malens mit Worten, von der der griechische Dichter Horaz spricht. Lukas malt ein literarisches Portrait Jesu. Er lässt die Gestalt Jesu sichtbar werden, indem er dessen Gesten und Blick beschreibt. So entsteht eine Atmosphäre, ein Gefühlsraum, in dem der Leser von Jesus angerührt wird. Indem Lukas das Bild Jesu malt, schafft er eine Wirklichkeit, die auf mich wirkt. Indem ich den Text lese und das Bild in mich einbilde, werde ich verwandelt, habe ich teil an der Erlösung durch Jesus Christus. Ich werde gleichsam durch den Text neu geschaffen. Das Bild Jesu Christi bildet sich in mich ein und formt mich neu, zu dem wahrhaft gerechten und richtigen Menschen, der in Jesus Christus aufgeleuchtet ist.

Für die Griechen war das Schauen der zentrale Sinn. Gott (theos) ist der, der geschaut wird (theastai). Lukas beschreibt das Schicksal Jesu wie ein Schauspiel. Indem wir dieses Schauspiel anschauen, verwandelt es uns. Das wird deutlich durch die Beschreibung des Evangelisten am Ende des Schauspiels. »Und alle, die zu diesem Schauspiel herbeigeströmt waren und sahen, was sich ereignet hatte, schlugen sich an die Brust und gingen betroffen weg.« (Lk 23,48) Wer das Bild Jesu, der am Kreuz hängt, der am Kreuz seinen Mördern vergibt und sich betend und vertrauend in die Hände Gottes fallen lässt, in sich eindringen lässt, der kommt mit sich selbst in Berührung, mit seinem eigenen Herzen, mit seinem wahren Selbst. Und er entdeckt im Schauen auf das Bild Jesu Christi die vergebende Liebe, die auch in seinem Herzen ist, die ihn befähigt, sich innerlich von denen zu befreien, die ihn verletzt haben. Und er geht verwandelt in sein Leben zurück. Das Schauen verwandelt. Für Lukas besteht die heilende Wirkung des Kreuzes darin, es anzuschauen und vor allem auf Jesus zu schauen, in dem der wahrhaft gerechte Mensch aufleuchtet. Indem wir auf den gerechten Menschen schauen, der sich selbst von Hass und Gewalt nicht von seiner Gerechtigkeit abbringen lässt, werden wir selbst gerecht, werden wir ausgerichtet auf unser wahres Wesen hin, werden wir uns selbst gerecht. Das Klopfen an die Brust meint, dass wir mit unserem göttlichen Kern in Berührung kommen. Als Menschen, die ihr spirituelles Selbst im Schauen auf Christus entdeckt haben, können wir verwandelt nach Hause gehen.

Jesus selbst erzählt uns viele Gleichnisse. Er redet in Gleichnissen und Bildern. Er lehrt uns in seinen Gleichnissen, richtig hinzuschauen auf den Sämann, der den Samen aussät, auf den Bauern, der sein Feld pflügt, auf den Winzer, der seine Reben beschneidet, auf das Tun der Hausfrau, die Mehl unter den Sauerteig mischt, auf das Senfkorn, das aufgeht, auf den Hirten, der für seine Schafe sorgt. In allem, was geschieht, sieht Jesus ein Bild für unser wahres Wesen. Die Gleichnisse stellen uns aber auch Bilder vor Augen, die auf uns wirken. So hat das Bild des verlorenen Sohnes, der innehält und sich entschließt, zum Vater heimzukehren, vielen Menschen Mut geschenkt, ihrem Leben eine neue Richtung zu geben. Das Bild des barmherzigen Vaters, der seinen heimgekehrten Sohn umarmt, hat sich gerade ängstlichen Menschen so eingeprägt, dass sie ihre Angst vor der eigenen Schuld überwinden. Das Bild der Witwe, die hartnäckig um ihr Recht kämpft und sogar den gottlosen Richter bedrängt, hat sich in viele Menschen eingeprägt, die sich aussichtslosen Situationen gegenüber sahen. Jesus verwandelt die Menschen durch die Bilder, die er ihnen vor Augen hält.

In den ersten drei Evangelien (den Synoptikern) erzählt Jesus Gleichnisse, um unsere Augen zu öffnen für unser wahres Selbst und für den wahren Gott. Und viele seiner Worte sind Bildworte, die sich in uns einbilden möchten, um uns auf eine andere Ebene zu führen, auf eine Ebene, auf der uns die Augen aufgehen und wir Gott erkennen. Im Johannesevangelium gibt es keine Gleichnisse. Aber für Johannes bedeutet glauben: tiefer sehen, im Menschen Gottes Herrlichkeit schauen, in dem verwundbaren Menschen Jesus die Liebe Gottes schauen, die stärker ist als der Tod. Johannes überliefert uns sieben Bildworte Jesu: »Ich bin das lebendige Wasser.« »Ich bin der wahre Weinstock.« »Ich bin die Tür.« Jesus lehrt uns, die Dinge so anzuschauen, dass wir ihn selbst darin erkennen. Im Wasser erkennen wir, dass Jesu Geist in uns eine Quelle ist, aus der wir immer schöpfen dürfen. Wenn wir richtig auf die

Tür schauen und uns das Bild der Tür einbilden, dann erkennen wir, dass Jesus uns die Tür aufschließt zu unserem Herzen, zum Grund unserer Seele, zu unserem wahren Wesen. Und wenn wir den Weinstock bewusst anschauen, erkennen wir unsere Beziehung zu Jesus. Wir hängen an Jesus, wie die Reben am Weinstock. Wir werden nur Frucht bringen, wenn wir in Jesus sind und von seiner Liebe durchdrungen werden. Oder wir können auch sagen: Nur wenn wir in Berührung sind mit unserem wahren Selbst – dafür steht Christus –, dann wird das, was wir tun, Frucht bringen. Wenn wir aus unserem Ego heraus handeln, werden wir vieles tun. Aber es wird keinen Segen bringen. Es kommt nicht viel dabei heraus, obwohl wir ständig arbeiten.

Jesus hat die Menschen so tief berührt, weil er eine bildhafte Sprache hatte. Er hat mit seinen Worten Bilder angesprochen, die tief in der Seele des Menschen schlummern, die archetypischen Bilder von Heil und Heilung, von Frieden und Paradies, von Himmel und Licht, von Freiheit und Erlösung. Seine Worte wie das vom Splitter im Auge des anderen und vom Balken, den wir in unserm Auge übersehen, sind sprichwörtlich geworden. Es sind Bilder, die sich tief in unsere Seele einprägen. Wenn so ein Bild einmal ausgedrückt worden ist, dann wirkt es weiter in den Herzen der Menschen. Das Bild vom Haus, das wir auf den Felsen bauen, oder vom Berg, der zusammenstürzt, wenn wir glauben, das Bild des blinden Führers, das Bild von den Pharisäern als übertünchte Gräber, all diese Bilder haben sich tief in unsere Seele eingeprägt und bestimmen seither unser Denken und Fühlen.

Worte, die eine logische Schlussfolgerung ausdrücken, gehen meist an uns vorüber. Doch wenn in einem Wort ein Bild sich in uns einbildet, dann halten wir inne, dann geht uns etwas Neues auf, dann verwandelt sich etwas in uns. Auch theoretische Vorträge erreichen unser Herz nicht. Doch wenn der Redner in Bildern spricht, dann wirken diese Bilder in uns nach. Das können auch Beispiele sein, die ein Vortragender uns erzählt. Wenn wir von einem Beispiel hören, dann sehen wir sofort etwas Konkretes. Was wir gehört haben, bildet sich in uns ein. Das Wort »Beispiel« kommt nicht von »spielen«, sondern von »bispel«, das aus der Dichtkunst stammt. »Spell« ist eine bedeutungsvolle Rede, eine Fabel, eine Sage, in der etwas Wesentliches vom Menschen zum Ausdruck kommt. Es ist heute nicht anders als zur Zeit Jesu: Nur dann werden wir wirklich tief in unserer Seele berührt, wenn ein Bild uns trifft.

ÜBUNG: *Setze dich aufrecht hin und schließe die Augen. Lass deinen Atem in dir kommen und gehen. Stelle dir das Bild der Vertreibung der Händler aus dem Tempel vor. Du kannst dieses Bild mit deinem Atem verbinden. Beim Einatmen stellst du dir vor, dass Jesus in den Tempel deines Leibes eintritt. Und beim Ausatmen stellst du dir vor, wie Jesus die Händler aus dir vertreibt, wie du alles aus deinem Leib abfließen lässt, was da an innerem Lärm in dir ist, an innerem Unrat, an Chaos, an Sorgen, Ängsten, Neid, Eifersucht, an Gedanken, in denen du dich mit anderen vergleichst. Alle innere Unruhe lässt du mit jedem Ausatmen immer wieder los. Du stellst dir vor, dass Jesus selbst diese*

Unruhe aus dir heraus treibt. Und bei jedem Einatmen kannst du dir vorstellen, dass Jesus mit seiner Herrlichkeit, mit seinem Licht, mit seiner Liebe mehr und mehr deinen Leib erfüllt und durchdringt und verwandelt. Wenn du das eine zeitlang so meditiert hast, kannst du einfach das Bild des Tempels in dich einbilden. Stelle dir vor: Ich bin jetzt dieser Tempel, ich bin voll von der Herrlichkeit Gottes, von seiner Schönheit und Liebe. Du brauchst gar nicht mehr auf den Atem zu achten. Du sitzt einfach nur da und bist der Tempel Gottes. Vielleicht erfährst du in dir auf einmal eine große innere Weite und einen tiefen Frieden. Du bist voll von Licht und Liebe. In diesem Tempel kannst du ausruhen und den Frieden genießen, der davon ausgeht.

Auferstehungsbilder, Zukunftsbilder

Am zentralen Geheimnis von Ostern kann man verdeutlichen, wie sehr wir darauf angewiesen sind, Wahrheiten in Bildern auszudrücken – und wie hilfreich das ist. Da gibt es etwa das Bild vom Phoenix, der aus der Asche emporsteigt. Von Phönix, dem ägyptischen Sonnenvogel, berichtet Ovid in den Metamorphosen, dass er alle 500 Jahre sich verbrennt und dann jung aus der Asche wieder emporfliegt, der Sonne entgegen. Die Kirchenväter haben das als Bild für die Auferstehung Jesu gesehen. Für Christen kann dieses Bild noch heute heilsame Kraft entfalten, insofern es zeigt, dass wir immer wieder Verbrauchtes, alt gewordene und ausgediente Lebensmuster verbrennen müssen, um durch die Auferstehung Jesu mit dem jungen Leben in uns in Berührung zu kommen und beflügelt der Sonne entgegen zu gehen, der wahren Sonne, Christus.

Paulus gebraucht im1. Korintherbrief 5,6–8 ein anderes Bild. Er sieht das Geheimnis von Ostern auf dem Hintergrund des jüdischen Paschafestes. Am Paschafest mussten die Juden den alten Sauerteig aus dem Haus schaffen und nur ungesäuerte Brote essen. Und man schlachtete ein Lamm, um es in einem feierlichen Mahl zu essen. Das Blut des Lammes strich man an die Türe, um sich vor feindlichen Mächten zu schützen. Es ist ein uraltes Hirten- und Bauernfest, das Israel an Ostern gefeiert hat. Für die Israeliten war das äußere Geschehen in der Natur ein Bild für das innere Geschehen in der Seele. Wenn die Natur eine neue Ernte beschert, muss auch das Alte in uns herausgeworfen werden. Dieses alte Fest hat Israel umgedeutet in das Gedächtnis des Auszugs aus Ägypten, der großen Befreiung des Volks aus der Gefangenschaft Ägyptens. Paulus hat dann alle Elemente des jüdischen Paschafestes als Bild für die Auferstehung Jesu zusammengesehen.

Etwa um das Jahr 170, zu der Zeit, als der Philosoph Mark Aurel auf dem Kaiserthron saß, hielt der Bischof Meliton von Sardes eine berühmte Osterpredigt, in der er das jüdische Paschamahl als Bild für die Auferstehung nahm. Da sagt er: »Ohne Vorbild wird kein Werk errichtet. Um des Zukünftigen willen entsteht das Vorbild.« Für mich heißt das: Ohne Bild gibt es keine Zukunft. Bilder eröffnen uns neue Perspektiven für die Zukunft und ermutigen, einen

Aufbruch in ein neues Land zu wagen. Aber es gibt auch Bilder, die uns die Zukunft verbauen, die uns in der Vergangenheit festhalten wollen. Von ihnen müssen wir uns lösen. Sie müssen wir wie den alten Sauerteig aus uns heraus werfen.

Gehen wir den Bildern nach, die Paulus auf die Auferstehung hin deutet. Das erste Bild ist das des Paschalammes, das für uns geschlachtet wurde, damit wir ein Fest feiern, damit wir das Paschalamm in Freude essen. Wir tun uns mit diesem Bild des Opferns heute schwer. Für Paulus war die Erinnerung an das Opfer des Paschalammes etwas Positives. Es besagt, dass Jesus sein Leben für uns eingesetzt hat, dass er seinen Kopf für uns hingehalten hat. Wir sind so wertvoll, dass er sich für uns hingegeben hat. Die Reaktion des Paulus auf das Opfer ist nicht, dass wir schulderfüllt und beschämt sind, sondern dass wir ein festliches Mahl feiern.

Der Blick auf das Opfer des Paschalammes will die Bilder des Opfers, die wir in uns tragen, aus uns heraus werfen. Wenn ich Menschen begleite, spüre ich hinter ihrem Jammern oft dieses Bild des Opferlammes: Es ist ja alles so schwierig und es ist alles zu viel. Alle wollen etwas von mir, alle haben Erwartungen an mich. Pascal Bruckner, ein französischer Philosoph hat das als lähmende Grundhaltung unserer Zeit kritisiert, dass alle sich als Opfer fühlen und Schuld immer nur bei anderen suchen, statt selbst Verantwortung zu übernehmen. Wir dürfen uns nicht in der Opferrolle einrichten. Verena Kast hat in ihrem Buch »Abschied von der Opferrolle« gezeigt, dass das Opfer oft zum Täter wird: Wenn ich mich mit so großen Bildern wie Opferlamm identifiziere, geht von mir Macht aus und ein ständiger Vorwurf an die anderen. Wir können das Bild des Paulus so verstehen: Christus ist unser Opferlamm, damit wir die Bilder des Opferlammes aus uns heraus werfen, damit wir aus der Passivität ausbrechen und aktiv das Leben in die Hand nehmen.

Das zweite Bild: Wir sollen den alten Sauerteig der Bosheit und Schlechtigkeit aus uns heraus werfen. Im Griechischen steht hier kakia und poneria. Kakia meint etwas, das nicht so beschaffen ist, wie es sein sollte. Und Poneria meint die Mühe, das was uns aufreibt, überfordert. Wir haben oft Bilder in uns, die das wahre Bild verstellen, das Gott sich von uns gemacht hat. Und diese Bilder überfordern uns. Bilder, die eine zeitlang durchaus gut sind, etwa das Bild des Helfers, das uns vom Kreisen um uns selbst befreit, können sich auch verbrauchen. Dieses Bild kann uns überfordern, weil wir immer und überall jedem helfen wollen. Oder das Bild, für andere verantwortlich zu sein. Auch dieses Bild kann sich überleben, wenn wir uns für alles und jedes in unserer Umgebung verantwortlich fühlen und uns überall einmischen. Es gibt alte Bilder, die jetzt ausgedient haben, die einfach nicht weiterführen. All diese alten Bilder sollen wir aus unserer Seele, aber auch aus unserer Gesellschaft hinauswerfen. Oder sie müssen verbrannt werden, damit wir wie Phönix uns aus der Asche der verbrannten Bilder erheben können.

Ohne Bild keine Zukunft. Das wird deutlich am dritten Bild, das Paulus auf die Auferstehung anwendet. In der

Oster-Communio singen wir im sechsten Ton, dem optimistischen und freudigen Ton: Itaque epulemur in azymis sinceritatis et veritatis. Lasst uns ein feierliches Mahl halten mit den ungesäuerten Broten der Lauterkeit und Wahrheit. Sinceritas heißt auch das Unversehrte, Reine, Echte. Die Auferstehung will uns also in Berührung bringen mit dem ursprünglichen und unversehrten Bild, das Gott sich von uns gemacht hat. Und mit dem Bild der Wahrheit, das unserem wirklichen Sein entspricht. Wenn wir mit diesem wahren und unversehrten, unverstellten Bild in Berührung sind, dann sind wir frei. Dann erleben wir Auferstehung. Dann brauchen wir uns nicht zu verbiegen, um Bestätigung und Anerkennung von unserer Umgebung zu bekommen. Dann gehen wir aufrecht durch unser Leben. Wer sich in diesem Sinn von den Bildern der Auferstehung leiten lässt, wird kraftvoll und verjüngt, lauter und unverstellt, aufrecht und authentisch in diese Welt gehen und durch die Bilder der Auferstehung diese Welt heller und menschlicher machen und ihre eine gute Zukunft ermöglichen. Denn ohne die Bilder der Auferstehung gibt es keine Zukunft für uns und für unsere Welt.

Die Kraft des tiefen Schauens

Bei ihrem Bedürfnis, Bilder der Bibel darzustellen, hatten die Christen sich mit dem alttestamentlichen Bilderverbot auseinander zu setzen. Auf der einen Seite war ihnen klar, dass Gott nicht dargestellt, nicht gemalt werden kann. Aber sie begründeten ihre Bilder damit, dass Gott in Jesus Christus Mensch geworden ist. Christus ist das wahre Ebenbild des Vaters. Wer Christus sieht, der sieht den Vater. Westliche Theologen sprechen von Erinnerung. Indem wir das Bild betrachten, werden wir an die Heilstaten Gottes erinnert. Sie bilden sich gleichsam in unserem Innern ab und wirken so durch das Bild tief in unsere Seele hinein. »Je häufiger wir ein Bild beschauen, desto stärker wird in uns die Erinnerung und die Sehnsucht nach den Urbildern.« (RAC, Bild 336) Östliche Theologen sprechen von der Heiligkeit des Bildes. »Im Abbild ist etwas von der Heiligkeit des Urbildes gegenwärtig.« (Ebd. 337) Die östlichen Kirchenväter zitieren immer wieder die Stelle Gen 1,27, dass Gott den Menschen nach seinem Bild und Gleichnis geschaffen hat. Für Dionysios Areopagita »ist alles Sichtbare ein Bild des Unsichtbaren und umgekehrt werden wir durch die sinnfälligen Bilder zum göttlichen Schauen emporgehoben«. (Ebd. 337) Das Bild ist Abdruck des Urbildes. Indem wir uns das Bild einbilden, prägt sich das Urbild, prägt sich Gott selbst in unser Herz. Bilder anzuschauen ist daher ein spiritueller Akt. Es berührt den Menschen in der Tiefe seines Herzens. So schreibt Gregor von Nyssa, wie ihn ein Bild vom Opfer des Isaak tief berührt hat: »Oft sah ich ein Bild dieses

Bilder, die die Kraft zur Heilung haben

schrecklichen Vorgangs und ging nicht ohne Tränen an diesem Anblick vorbei.« (LexSpir, Lange, 146f.) Das Bild erschüttert den Beschauer. Es rührt ihn zu Tränen. Er erlebt das, was damals geschehen ist, gleichsam nach, indem er das Bild betrachtet.

Die Ostkirche hat die Bildertheologie der frühen Kirche in den Ikonen verwirklicht. Ikonen wollen nicht einfach nur das Irdische darstellen. Sie sind vielmehr gemaltes Evangelium, Frohe Botschaft. Der Geist Jesu soll in ihnen sichtbar werden. Daher sind sie heilige Bilder, die man nicht von außen betrachtet, sondern so beschaut, dass man eins wird mit dem Geschauten. Die Ikonen-Frömmigkeit entspricht der griechischen Mystik, die immer eine Mystik des Schauens war. Im Schauen werden wir eins mit dem Geschauten. In der Westkirche haben Bilder wie die Pietá und die Johannes-Minne die Herzen der Menschen berührt. In diesen Bildern haben die Frommen etwas vom Geheimnis Jesu Christi erfahren. Maria, die den toten Sohn auf dem Schoß hält, ist ein Bild, das den Menschen die Angst vor dem Tod nimmt. Im Tod werden wir in die mütterlichen Arme Gottes sterben. Und die Johannes-Minne, bei der Johannes an der Brust Jesu ruht, ist ein Bild für die mystische Liebe, die uns mit Jesus verbindet und eins werden lässt. Indem wir die Bilder anschauen, haben wir Teil am Urbild, haben wir teil an Gott, der uns in seine mütterlichen Arme schließt, wenn wir sterben, und an Gottes Liebe, in der wir uns hier und jetzt schon bergen dürfen, indem wir uns Jesus Christus anvertrauen, wie es Johannes auf diesem wunderbaren Bild tut.

Zahlreiche Legenden sprechen in den ersten Jahrhunderten vom Bild, das nicht von Menschenhand gemalt ist – Acheiropoieta. Es ist nicht gemalt worden, sondern Jesus selbst hat sein Antlitz darin abgedrückt, etwa im Bild der Veronika, die von ihrem Namen nach für das wahre Bild – vera ikon – steht. Dieses wahre Bild Jesu wird schon früh im Edessa-Bild verehrt, heute im Turiner Grabtuch und im Volto Santo in Manoppello. Es ist ein Bedürfnis des Menschen, sich in das Antlitz Jesu zu vertiefen und im Schauen Anteil an seiner Ausstrahlung, an seinem Geist, an seiner Liebe zu haben. Die orthodoxen Theologen sagen, dass wir Jesus nicht nach unserer Phantasie malen dürfen, sondern so, wie er in Wirklichkeit war. Und diese Wirklichkeit wird in dem nicht von Menschenhand gemalten Bild sichtbar. Ob nun diese Bilder wirklich – wie die Legende es weiß – vom Abdruck des Antlitzes Jesu stammen oder auf andere Weise entstanden sind, auf jeden Fall haben sie seit den ersten Jahrhunderten das Christusbild der Ikonen geprägt. In diesen Bildern leuchtet das Geheimnis Jesu auf.

Künstler haben seit jeher biblische Szenen gemalt. Ursprünglich hatte Kunst immer einen kultischen Charakter. Sie wollte das Bild Gottes in dieser Welt darstellen. Im Laufe der Zeit hat sich die Kunst immer mehr vom kultischen Bezug gelöst. Aber immer hatte die Kunst eine spirituelle und eine therapeutische Dimension. Ingrid Riedel, die von ihrer psychologischen Sicht her Bilder betrachtet, meint etwa von der Bilderwelt Paul Klees, dass sie sie hineingeführt hat »in den unermesslichen kreativen und imaginativen Innenraum der menschlichen Psyche, aus dem auch meine inneren Bilder entspringen und evoziert werden«. (Riedel 12) Die Lebensstimmung der Bilder »korrespondiert mit einer bestimmten Landschaft unserer Seele und stimuliert damit zugleich die Bilder in der eigenen Psyche«. (Ebd. 14) Ingrid Riedel ist überzeugt, dass die Stimmigkeit und Schönheit eines Bildes eine »klärende, integrierende, ja heilende Funktion und Wirkung des Bildes auf die Seele des Betrachtenden« ausübt. (Ebd. 15) Bilder sind oft »Zeichen gegen das Chaos, gegen die Sinnlosigkeit und, emotional gesehen, gegen die Angst. Auch wenn sie Angst enthalten, sind sie doch als gestaltete Gebilde Gefäße, die die Angst bannen.« (Ebd. 18) Bilder lösen Emotionen in uns auf. Und von ihnen geht eine Kraft aus, die unsere Seele bewegt und oft genug in Richtung Ganzwerdung treibt.

ÜBUNG: *Suche dir ein Bild aus, das dich fasziniert. Es kann eine Christusikone sein. Es kann das Bild der Christusminne sein, da Johannes an der Brust Jesu ruht. Oder ein Marienbild, etwa die Pietá – Maria hält den toten Jesus auf dem Schoß – oder Maria mit dem Kind auf dem Arm oder die Madonna, die schöne in sich ruhende Frau. Schaue so auf das Bild, dass du eins wirst mit dem Geschauten. Beurteile das Bild nicht. Schaue nicht auf die Einzelheiten, sondern lass das Bild in dich eindringen, dass es sich in dich einbildet. Dieses Schauen schafft eine tiefe Beziehung und Begegnung mit dem Jesus, dem Heiligen, mit Maria, die auf diesem Bild dargestellt sind. Es strömt etwas hin und her zwischen dir und dem auf dem Bild Dargestellten. Das Schauen kann aber noch tiefer gehen. Du wirst im Schauen selber das Bild. Christus bildet sich in dich ein. Du trägst ihn in dir, du wirst von seinem Geist durchdrungen und verwandelt. Maria ist in dir, bringt dich in Berührung mit deiner inneren Schönheit, mit den weiblichen Seiten deiner Seele, mit der Liebe und Zärtlichkeit, die in dir sind. Lass dich vom Schauen verwandeln. Vielleicht erahnst du dann, was Paulus im zweiten Korintherbrief vom Schauen in den Spiegel Jesu Christi sagt: »Wir alle spiegeln mit enthülltem Angesicht die Herrlichkeit des Herrn wider und werden so in sein eigenes Bild verwandelt, von Herrlichkeit zu Herrlichkeit, durch den Geist des Herrn.« (2 Kor 3,18)*

5.
Bilder, die Gemeinschaft stiften

Positive und negative Ausstrahlung

Bilder halten eine Gemeinschaft zusammen und stiften Identität. Je nach dem, welche Bilder sich eine Gemeinschaft gibt oder wählt, ergibt sich eine jeweils andere Ausstrahlung. Die Kirche hatte, um das eigene Selbstverständnis zu charakterisieren, lange das Bild der festen Burg, die auf dem Berg steht, die unverrückbar ist und über allen steht. Die katholische Kirche sang von sich voller Selbstbewusstsein: »Ein Haus voll Glorie schauet weit über alle Land, aus ewgem Stein erbauet von Gottes Meisterhand.« Die evangelische Kirche kennt das berühmte Lied Martin Luthers: »Ein feste Burg ist unser Gott«. Solche Bilder schenken Elitebewusstsein. Aber sie können auch negativ ausstrahlen. Im katholischen Bereich hat dies manche Bischöfe und Theologen dazu geführt, sich abzuschotten, unbeweglich zu sein, sich auf keinen Dialog mit der modernen Welt einzulassen. Und es hat oft zum Triumphalismus geführt. Das II. Vatikanische Konzil hat das Bild des pilgernden Gottesvolkes für die Kirche in den Mittelpunkt gerückt. Das hat eine andere Ausstrahlung. Und das bewirkt in den Gläubigen und Gemeinden eine andere Haltung zueinander und zur Welt. Die Christen pilgern gemeinsam, über alle konfessionellen Schranken hinweg. Sie sind auf der Suche nach dem immer größeren und unbegreiflichen Gott. Sie stützen sich gegenseitig auf ihrem Weg. Sie tragen sich gegenseitig im Glauben. Aber sie sind auch im Dialog mit der Welt, durch die sie wandern. Sie treffen auf ihrem Pilgerweg viele andere Menschen, die sich ihnen nicht anschließen, sondern die andere Wege gehen. Sie hören auch auf diese Menschen, was sie zu sagen haben. Und dennoch gehen sie ihren Weg weiter.

Nicht nur die Kirche hat Bilder geschaffen, die ihr Zusammengehörigkeitsgefühl stärkt. Jede Nation hat ein Bild für sich. Manchmal stärkt das Bild das Volk. Doch ein Bild kann auch gefährlich sein und aggressive Komponenten fördern. Das Bild des »Dritten Reiches« war so ein Bild, das den Menschen in Deutschland geschadet hat, das falsche Erwartungen geweckt hat. England hat damit zu kämpfen, dass das alte Bild des Vereinigten Königreiches und der größten Kolonialmacht zusammengebrochen ist. Das Land muss nun seine eigene Identität neu finden. Frankreich lebt immer noch von den Bildern der Französischen Revolution und versteht sich als Land der Freiheit, der Gleichheit und Brüderlichkeit. Und es lebt noch vom Glanz der »Grande Nation«. Jedes Volk hat also seine Bilder, die es zusammenhalten, die es stärken und die ihm Selbstbewusstsein und Würde schenken.

Bilder wirken auch identitätsstiftend für Firmen. Jede Firma legt heute Wert auf ein originelles Logo, das nicht nur Wiedererkennung garantiert, sondern auch der Firma Kraft und Schwung verleiht. Viele Firmen sind stolz auf ihr Logo, das immer beides ist: Wort und Bild. Da war die Dresdner Bank mit dem grünen Band und dem Versprechen des freundlichen Service. Als sie in die Commerzbank aufging, raubte das vielen Mitarbeitern das Gefühl der Identität. Die Sparkassen haben nicht nur das Logo des großen S mit einem Punkt darüber. Die rote Farbe bringt dieses einfache Logo zum Leuchten. Und die Sparkasse begnügt sich mit einem einzigen Wort: »GUT«. Solche Worte und Bilder wirken nicht nur nach außen, sondern auch nach innen.

Die Firma Puma war fast am Ende mit ihrer Philosophie und mit ihren finanziellen Kräften. Die Sanierung hat ihr ein neues Image verliehen. Sie ist nicht nur Sportartikelhersteller, sondern eine Firma für Lifestyle. Das Logo mit dem Puma, der leichtfüßig und gleichzeitig voller Kraft springt, hat dieses Lebensgefühl optisch nach außen transportiert. Aber es hat auch der Firma neuen Schwung verliehen. Sie hat durch gemeinsame Bilder eine neue Identität gefunden. Ihre Leitbilder sind einfach nur vier Worte: Ehrlich, fair, kreativ, positiv. Diese vier Worte haben sich in den Mitarbeitern eingeprägt wie Bilder, die sie zusammenhalten. Und immer wieder werden diese vier Worte zum Kriterium für ihr Handeln und für ihre Besprechungen und Strategien herangezogen. Bei vielen Sitzungen des Vorstandes – so die Auskunft eines Verantwortlichen – fragt man sich: War das nun fair, ehrlich, kreativ und positiv? Oder sind wir hier anderen Bildern gefolgt, etwa dem Bild: Wir können uns alles erlauben?

Es gibt auch im Bereich von Unternehmen Bilder, die die Firmen aufblähen und ihnen auf diesem Weg eher gefährlich werden. Wenn etwa die Firma Wal Mart alle Mitarbeiter am Morgen in einem Ritual deklamieren lässt »Wir sind die Besten«, dann ist das in meinen Augen eher kontraproduktiv. Es übersteigert nicht nur die Psyche des einzelnen, sondern auch die Firma. Wer sich in solche Sätze hineinredet, der wird irgendwann blind für die Realität.

Er meint, er könne alles, was er wolle. Daher finde ich es wichtig, dass wir achtsam mit den Bildern umgehen, die wir für unsere Berufsgruppe oder unsere Firma schaffen. Das Bild der Polizei »Dein Freund und Helfer« hat sicher in Deutschland zu einem positiven Image der Polizei beigetragen. Die Bundesbahn tut sich immer noch schwer, für sich ein neues Image zu finden. Aber nur wenn sie ein Bild findet, das alle anspricht und das alle Mitarbeiter verinnerlichen, wird sie bei der Bevölkerung gut ankommen. Wenn alle Mitarbeiter sich das Firmenbild einbilden, dann geht von der Firma neue Kraft aus. Und sie wird bei den Leuten Anerkennung und Zustimmung finden.

Als ich 1977 Cellerar der Abtei Münsterschwarzach wurde, begegnete ich verschiedenen Bildern, die in der Gemeinschaft verbreitet waren. Da war das negative Bild »die da oben«. Das Bild vermittelte den Mönchen den Eindruck, dass sie nicht mitzureden hätten. Die da oben, der Abt, der Prior und der Cellerar würden alles bestimmen. So ein Bild demotiviert die Mitbrüder. Ein Bruder, der in der Mandschurei Missionar war und dort ins Gefängnis kam, erzählte begeistert, wie sie gerade in den äußeren Schwierigkeiten und Bedrängnissen durchhielten, weil sie sich als »verschworene Gemeinschaft« verstanden. So ein Bild hielt die Gemeinschaft zusammen. Unser Abt Fidelis wählte für sich und seine Amtszeit als Abt das Motto »Vos omnes fratres – Ihr seid alle Brüder«. Das vermittelte ein anderes Bild für die Gemeinschaft. Es war das Bild des Miteinanders, der Bruderschaft, in der alle mitreden. Dieses Bild hat im Laufe der Jahre unsere Gemeinschaft geprägt und alte belastende Bilder langsam aufgelöst.

Es gibt jedoch auch für Gemeinschaften manchmal zu große Bilder. Wenn das Bild zu idealistisch ist, dann wächst auch der Schatten. Es gibt nicht nur den persönlichen Schatten des einzelnen, der sich an seinem Idealbild von sich festklammert. Es gibt auch den Schatten der Gemeinschaft. Da verstand sich eine klösterliche Gemeinschaft als heilende Gemeinschaft. Das ist gut gemeint. Doch die Gemeinschaft ist immer auch eine Gemeinschaft von schwachen und kranken Brüdern und Schwestern. Eine andere Gemeinschaft verstand sich als Haus der Liebe. Doch in einer Gemeinschaft herrscht nicht nur Liebe. Ein Angestellter dieser Gemeinschaft meinte: »Seit wir ein Haus der Liebe sind, wird es immer kälter bei uns.« Der heilige Benedikt verzichtet auf große Bilder, die dann zu umso dunkleren Schattenseiten führen. Er versteht seine Gemeinschaft einmal als Haus Gottes und zum andern als »Schule für den Dienst des Herrn« (dominici scola servitii). Es ist also ein Haus, in dem man Gott sucht und in dem man in die Schule Jesu geht. So wie die Jünger Jesu auf ihn gehört haben und ihm nachgefolgt sind, so sollen die Mönche in der Schule Jesu auf den Meister hören und seine Worte auch befolgen. Benedikt weiß aber auch, dass es in dieser Schule Konflikte gibt, denen sich die Mönche stellen müssen.

Jede Ordensgemeinschaft, jede Pfarrei, jede Partei, jeder Verein, jede Firma muss immer wieder nach Bildern suchen, die heute die Menschen ansprechen und zusammenhalten und die in den Mitgliedern Energie hervorlocken. Nur wenn Bilder die Menschen auf ein gemeinsames Ziel hin bewegen, kann eine Gemeinschaft auf Dauer Bestand haben. Und nur dann werden ihre Mitglieder ihre Energie nicht gegeneinander einsetzen, sondern miteinander in die gleiche Richtung gehen und gemeinsam etwas bewirken.

Eine negative Form von Bildern sind die sogenannten Skripts, die für eine Gruppe gelten. In der Psychologie spricht man von Familienskript, z.B.: »So etwas sagt man bei uns nicht. Bei uns trägt man so etwas nicht. Bei uns achtet man auf Etikette. So etwas tut man bei uns nicht.« Das sind eher moralisierende Bilder, die sich aber oft lähmend auf die Seele der einzelnen Mitglieder legen. Positive Bilder für die Familie werden oft durch Rituale geschaffen. Sie stiften der Familie Identität und geben den Familienmitgliedern das Gefühl: »Wir sind noch wer. Wir haben unsere eigene Kultur. Wir haben Lust, miteinander zu feiern, unser Leben bewusst zu gestalten. Wir sind eine alteingesessene Familie. Wir haben noch Traditionsbewusstsein.« Solche Bilder halten eine Familie zusammen und geben ihr ihren Wert. Allerdings sind auch solche Bilder manchmal in Gefahr, die Schattenseiten einer Familie unter den Teppich zu kehren und die Konflikte, die in jeder Familie entstehen, zu übergehen. So ist es unsere Aufgabe, die heilende Kraft der Bilder zu stärken, und zugleich sensibel zu sein, wo Bilder uns einengen oder uns etwas vormachen, wo Bilder eher Illusionen sind, die in die Irre führen, anstatt uns Energie zu spenden.

Warum wir Visionen brauchen

Firmen brauchen nicht nur Bilder, die sie zusammenhalten, sondern auch eine Vision, die ihr einen Weg in die Zukunft weist. Wie Bilder haben auch Visionen eine Kraft in sich und bringen die Menschen mit ihrer Energie in Berührung. Visionen sind Bilder, die in die Zukunft gerichtet sind. Alle Menschen, die in dieser Welt etwas vorangebracht haben, hatten eine Vision. Jesus hatte eine Vision von einem neuen Volk Gottes. Der heilige Benedikt hatte eine Vision von einer Gemeinschaft, die das Ideal der Urkirche lebte. Er kleidete sie in das Bild von der Stadt auf dem Berg, die den Menschen Hoffnung schenkt. Der heilige Franziskus hatte eine Vision von einer armen Kirche. Martin Luther King hatte die Vision eines friedlichen Miteinanders zwischen Schwarz und Weiß. Sie alle haben diese Welt bewegt. Die Vision gibt uns Kraft, Schritte in eine neue Zukunft zu gehen und selbst Hand anzulegen, um diese Zukunft zu gestalten.

Ursprünglich heißt Vision »Traumgesicht, Erscheinung«. Visionen können Träume von einer neuen Zukunft sein. Sie können aber auch tatsächlich mit den Nachtträumen zu tun haben. Visionen und Träume kann man oft nicht unterscheiden. Visionen sind manchmal Tagträume. Aber es gibt auch Visionen im Traum. Die Psychologie unterscheidet zwischen persönlichen Träumen, Träumen, die etwas aussagen über die Situation des einzelnen, und Träumen, die sich auf die Gemeinschaft beziehen. C. G. Jung nennt diese Träume »Große Träume«. Er berichtet

Bilder, die Gemeinschaft stiften

von seinem Aufenthalt in den Urwäldern des Elgon. Die Ureinwohner erzählten ihm, dass es zwei verschiedene Träume gebe: »den gewöhnlichen Traum des kleinen Mannes und die ›große Vision‹, die nur der große Mann habe, z.B. der Zauberer oder der Häuptling«. (GW 7, 196f.) Was ein großer Traum ist, das erkennt man »aus einem instinktiven Gefühl von Bedeutsamkeit«. (Ebd. 197) Man fühlt sich vom Traum überwältigt und muss ihn weiter erzählen. Solche große Träume, die der Häuptling hat, beziehen sich immer auf das Schicksal eines ganzen Volkes.

Zwischen diesen großen Träumen und den persönlichen Träumen liegen die Visionen, die begnadete Menschen im Traum haben. Es sind Träume, die einen Auftrag in sich bergen, etwas zu tun. Es sind Träume, die die Welt verändert haben. Solche Träume werden oft von Heiligen erzählt. Pachomius, der Begründer der ersten klösterlichen Gemeinschaft, hat das Kloster aufgrund eines Traumes gegründet. Franziskus erhielt im Traum den Auftrag: »Stelle die Kirche wieder her!« Das galt nicht nur der kleinen zerfallenen Kirche, an die er zuerst gedacht hatte, sondern von der gesamten Kirche, die sich damals allzu sehr von Macht und Geld bestimmen ließ. Vom heilige Dominikus wird erzählt, dass ein Traum ihn dazu geführt hat, seinen Orden zu gründen. Ihre Träume hatten also eine Auswirkung auf die ganze Welt. Schon in der Apostelgeschichte erzählt uns Lukas, wie die beiden wichtigsten Bewegungen in der frühen Kirche durch Träume angeregt wurden. Petrus hat aufgrund eines Traumes, den er während seines Mittagsschlafes hatte, den Mut gehabt, auch zu den Heiden zu gehen, ihnen zu predigen und sie zu taufen. Und Paulus hat im Traum den Auftrag erhalten, nach Europa zu gehen und dort die Frohe Botschaft zu verkünden. Die Europamission wurde also durch einen Traum initiiert.

Solche Träume hatten offensichtlich auch die Propheten des Alten Testaments. Ihre Träume gleichen den Visionen, die die Heiligen hatten. Und sie gleichen den großen Träumen, die die Häuptlinge früher hatten, den Träumen, die das Schicksal des ganzen Volkes betreffen. Die Propheten bekamen von Gott oft den Auftrag, ihren Traum, ihre Vision dem Volk zu verkünden. Sie durften das, was sie gesehen hatten, nicht für sich behalten. Denn die Bilder, die die Propheten im Traum gesehen haben, haben für das ganze Volk eine Bedeutung. Oft sind es kritische Visionen, die das Volk mahnen umzukehren. Sie malen ihm das Unheil aus, das ihnen droht, wenn sie vom Weg Gottes abweichen. Aber es gibt auch viele wunderbare Visionen, die das künftige Heil ausmalen, Bilder von einem Frieden, der alle Völker miteinander vereint, Bilder von Lebendigkeit und Freude, die im Volk herrschen sollen. So verkündet der Prophet Jeremia, der sonst sehr viel Unheil vorhersagen musste, dem Volk: »Ich baue dich wieder auf, du sollst neu gebaut werden, Jungfrau Israel. Du sollst dich wieder schmücken mit deinen Pauken, sollst ausziehen im Reigen der Fröhlichen. Wieder sollst du Weingärten pflanzen auf Samarias Bergen. Wer Pflanzungen anlegt, darf ihre Früchte genießen.« (Jer 31,4f.) Die Traumbilder der Propheten hatten eine enorme Sprengkraft für die ganze Gesellschaft. Sie rüttelten das Volk auf, mahnten es zur Umkehr. Und sie ermutigten es durch die Visionen des Heils, sich selbst nicht aufzugeben, sondern voller Hoffnung zu leben, weil Gott selbst an ihnen handeln wird.

Dass diese Prophetenworte auch heute ihre Sprengkraft nicht verloren haben, zeigt die Erfahrung in der ehemaligen DDR. Dort war von der kirchlichen Friedensbewegung das Bild einer sowjetischen Plastik, die einen Schmied darstellte, mit den Worten »Schwerter zu Pflugscharen« (Jes 2,4) verbunden und als Symbol verwendet worden. Es wurde, um die Zensur zu umgehen, auf Vliesstoff gedruckt und von kritischen Jugendlichen als Aufnäher an Jacken und Hosen angebracht. Das irritierte die Machthaber so sehr, dass die Polizisten im ganzen Land angewiesen wurden, diese Aufkleber von den Kleidern zu reißen. Die Polizisten verstanden oft selber nicht, dass drei Worte so gefährlich sein sollten. Doch offensichtlich hatten diese drei Worte mehr Macht als die ganze damalige Staatsgewalt mit ihrem großen militärischen Apparat. Wenn wir die alten Prophezeiungen heute hören, dann klingen sie nicht wie schwache Vertröstungen. Wenn wir sie in unser Herz fallen lassen, dann schenken sie uns die Hoffnung, dass auch heute Friede möglich ist, dass ein neues Miteinander keine Utopie ist, sondern eine reale Möglichkeit. Diese bildhaften Worte, diese Traumbilder der Propheten haben auch heute noch eine Sprengkraft, gegen die kein Regime gewachsen ist.

In der Liturgie werden uns die alten Texte vorgelesen. Wenn wir sie in unser Herz fallen lassen, dann erwecken sie in uns das Vertrauen, dass auch unsere Welt heute nicht in der Hand einiger Machthaber oder Wirtschaftsbosse ist, sondern in der Hand Gottes. Indem die bildhaften Worte vorgelesen werden, verwandeln sie die Welt. Beim Propheten Jesaja heißt es: »Keine Waffe wird etwas ausrichten, die man gegen dich schmiedet; jede Zunge, die dich vor Gericht verklagt, strafst du Lügen.« (Jes 54,17) Solche Worte erklingen nicht, ohne dass sie die Herzen der Zuhörer verwandeln und durch sie auch unsere Welt.

ÜBUNG: *Lese dir laut die Worte aus dem Propheten Jesaja vor: »Erheb deine Stimme mit Macht, Jerusalem, Botin der Freude! Erheb deine Stimme, fürchte dich nicht! Sag den Städten in Juda: Seht, da ist euer Gott. Seht, Gott, der Herr, kommt mit Macht, erherrscht mit starkem Arm. Seht, er bringt seinen Siegespreis mit: Alle, die er gewonnen hat, gehen vor ihm her. Wie ein Hirt führt er seine Herde zur Weide, er sammelt sie mit starker Hand. Die Lämmer trägt er auf dem Arm, die Mutterschafe führt er behutsam.« (Jes 40,9–11) Spüre, was diese Worte in dir auslösen. Stelle dir vor: Wenn diese Worte die eigentliche Wahrheit sind, wenn Gott mir und meiner Zeit jetzt diese Worte zusagt, wie erlebe ich mich selbst, wie erfahre ich dann die Welt um mich herum? Tue einfach mal so, als ob die Worte stimmen. Morgen kannst du wieder zweifeln. Aber jetzt koste diese Worte als die reine Wahrheit. Dann wirst du erfahren, dass sie nicht nur dein Gefühl ändern, sondern auch deinen Leib verwandeln. Du wirst dich im Leib anders erleben. Da wohnt auf einmal Hoffnung in dir, die dein Herz weitet. Und du wirst mit anderen Augen auf dich und auf diese heutige Welt schauen.*

6.
Vaterbild, Mutterbild, Selbstbild

Jedes Kind erlebt seine Eltern. Im Erleben der Eltern bildet sich ein Bild von Vater und Mutter in es ein. Diese Bilder prägen sie ein Leben lang. Viele sind dankbar für die guten Bilder, die Vater und Mutter für sie darstellen. Da spricht ein Mann von einer liebenden Mutter, die für alles gesorgt hat, die viel Milde und Weite ausgestrahlt hat. Andere dagegen erzählen von der dominanten Mutter, die alles im Griff hatte, aber keine Gefühle zeigen konnte. Es ist eine kalte, abweisende Mutter, oder aber eine überforderte Mutter, der alles zu viel war. Oder es war die sich aufopfernde Mutter, die immer für die Familie da war. Solche Mutterbilder prägen sich nicht nur in die Mädchen, sondern auch in die Jungen ein. Und sie wirken weiter in ihnen. Das Mädchen entwickelt ihr Selbstbild als Frau oft als Antwort auf das Bild, das ihre Mutter ihr angeboten hat. Für Männer bedeutet ein positives Mutterbild oft die Erfahrung von Geborgenheit und Urvertrauen. Das prägt ihr Selbstbild. Für die Söhne und Töchter kommt es aber darauf an, das Mutterbild in sich zu integrieren, es von negativen Spuren zu reinigen und aus den guten Wurzeln zu leben.

In dem Roman »Meine Mutter« beschreibt Albert Cohen von seinem Versuch, das Mutterbild »unter Trauer und Schmerz in das eigene endliche Leben zu integrieren«. Er schreibt selbst: »Lebte ich tausend Jahre, vielleicht würde ich mich in meinem tausendsten Jahr nicht mehr an sie erinnern.« (zit. Bei Kuntz 24) Die Mutterbilder wirken in uns fort. Eine Frau kam zu mir. Sie erzählte, dass sie völlig erschöpft sei. Im Gespräch wurde klar, wie sehr sie das Bild ihrer Mutter in sich eingebildet hatte. Ihre Mutter hatte sich nur für die Familie aufgeopfert und nie an sich gedacht. Sie hat ihre Mutter deshalb bewundert. Aber zugleich hat sie diese Einstellung auch abgelehnt, weil die Mutter nichts für sich selber tat und dann im Alter oft enttäuscht und verbittert war, weil ihre Kinder ihr das nicht genügend dankten. Jetzt erlebte diese Frau an sich selber, dass sie es nicht fertig brachte, für sich etwas zu tun. Sie schaut immer nur, dass es den andern gut geht. Das macht sie zwar beliebt, aber sie spürt, dass sie sich damit überfordert. Und manchmal spürt sie auch Bitterkeit, weil sie oft genug von den Menschen, für die sie da sein möchte, zurückgewiesen wird. Sie musste sich erst mit ihrem inneren Mutterbild aussöhnen, um ihr eigenes Bild von einer Frau, die sowohl für andere sorgt als auch für sich selbst, entwickeln zu können.

Wenn wir uns unseres Mutterbildes nicht bewusst werden, wirkt es sich weiterhin in uns aus. Ähnlich ambivalent sind die Vaterbilder, die uns prägen. Da ist das Bild des treu sorgenden Vaters, der immer da war, wenn man ihn gebraucht hat, oder aber des Vaters, der nie da war, der die Erziehung der Mutter überließ. Oft klagen gerade Männer darüber, dass ihr Vater sich der Familie entzogen hat. Er hat gegen die dominante Mutter nicht aufbegehrt, sondern seine Bestätigung außen gesucht. Es ist der feige und schwache Vater, der den Söhnen kaum eine Möglichkeit bietet, ein gutes Selbstbild als Mann zu entfalten. Töchter fühlen sich oft vom feigen Vater verraten, vor allem dann, wenn die Mutter auf die Tochter eifersüchtig war und sie zu beugen versucht hat. Manch ein Vater vermittelt der Familie das Bild des Macho, der alles bestimmt und der keinen Widerspruch duldet. Frauen berichten von Vaterbildern, die ihnen Kraft geschenkt haben, aber auch von Vaterbildern, die sie am Leben gehindert haben. Eine Frau hatte eine schwierige Beziehung zu ihrer Mutter. Die Mutter hat sie ständig geschlagen, weil die Tochter so anders war als sie. Diese Tochter hatte zwar eine gute Beziehung zu ihrem Vater, aber der hat einfach zugesehen und ist nicht für sie eingetreten. Das hat sie tief verunsichert. Ein Mann, den ich begleitet habe, tut sich heute noch schwer mit Konflikten. Er geht ihnen am liebsten aus dem Weg. Sein Vater war schwach, hat sich der Situation in der Familie entzogen. Der Sohn hat den Vater deshalb verachtet. Aber jetzt spürt er, dass er das gleiche innere Bild in sich trägt. Die Ablehnung des Vaterbildes befreit uns nicht von seinen negativen Tendenzen. Nur wenn wir uns auseinandersetzen mit dem Bild des Vaters und uns mit dem Vater versöhnen, sind wir fähig, unser eigenes Selbstbild zu formen.

Oft denken Söhne und Töchter, sie möchten ganz andere Vater- oder Mutterbilder in sich entfalten. Doch dann erleben sie, dass sie den Vätern und Müttern doch sehr ähnlich sind, dass sie ähnliche Bilder ihren Kindern gegenüber entwickeln. Sie sehen nicht nur äußerlich dem Vater oder der Mutter ähnlich. Sie gleichen ihnen auch in ihrem Verhalten. Auch wenn sie sich gegen ihre Vater- und Mutterbilder wehren, so wirken diese doch noch in ihnen nach. Und es braucht viel Arbeit, um in der Auseinandersetzung mit den Elternbildern sein eigenes Bild zu entwickeln, sein Bild von Mann und Frau, von Vater und Mutter, das dem eigenen Wesen entspricht.

In den Märchen ist oft vom Stiefvater oder von der Stiefmutter die Rede. Das sind nicht nur Bezeichnungen für Väter und Mütter, die nicht die eigentlichen Eltern der Kinder sind, weil sie nach dem Tod eines Ehepartners diese Rolle für die Kinder übernommen haben. Die Märchen beschreiben in der Stiefmutter oft ein negatives Bild: die böse Mutter, die eifersüchtige Mutter, die ablehnende Mutter. Die Kinder erleben die Stiefmutter als feindselig. Sie fühlen sich ihrer eigenen fürsorglichen Mutter beraubt und haben nun eine Mutter bekommen, die das Kind nicht fördert, sondern es erniedrigt und oft auch verfolgt, ja sogar vergiftet, wie das berühmte Märchen von Schneewittchen erzählt. In Gesprächen höre ich oft von ähnlichen Erfahrungen. Da haben Stiefmütter oder Stiefväter kein gutes Haar an der Tochter oder am Sohn gelassen. Sie wurden zurückgesetzt, geschlagen, als Rivalen abgelehnt und bekämpft. Solche Bilder des Stiefvaters oder der Stiefmutter prägen sich tief ein und hindern den Menschen daran, ein gesundes Selbstbild zu entwickeln. Doch auf der anderen Seite sind wir auch nicht festgelegt durch solche Elternbilder. Wir müssen sie erkennen, um uns von ihnen zu distanzieren. Dann erst werden wir fähig, unser eigenes Selbstbild zu entdecken.

Natürlich gibt es auch die vielen Stiefväter und Stiefmütter, die eine gute Beziehung zu ihren Stiefkindern aufbauen. Ein Mann erzählte, dass er seinen Stiefvater zuerst abgelehnt habe. Er war letztlich eifersüchtig auf ihn, weil er ihm die Mutter weggenommen hatte. Doch der Vater hat diese Ablehnung ausgehalten und sich trotzdem um den Sohn angenommen. Als guter Handwerker hat er ihn begeistern können, selbst etwas zu basteln. Und er hat ihn – als das Vertrauen gewachsen war – auf Fahrradtouren mitgenommen. So konnte er an seinem Stiefvater seine eigene männliche Identität finden. Und er hat seinen Hass auf den eigenen Vater, der ihn im Stich gelassen hat, loslassen können. Sein eigenes Bild als Mann hat er eher vom Stiefvater übernommen als vom eigentlichen Vater.

ÜBUNG: *Welche Vater- und Mutterbilder tauchen in dir auf? Lass alle Bilder auftauchen, die Bilder, die dich belasten, aber auch die Bilder, die dir gut tun. Und wenn dir nur negative Bilder von Vater und Mutter einfallen, dann stelle dir vor: Wie hat mein Vater sein Leben verstanden? Warum hat er sich selbst so gesehen und so verhalten? Was war seine Strategie, mit der er sein Leben auf seine Weise gemeistert hat? Und wie hat meine Mutter sich selbst gesehen? Welche inneren Bilder hat sie mitgebracht von ihrer eigenen Kindheit? Wie ist sie damit umgegangen? Wie hat sie damit ihr Leben bewältigt? Stelle dir vor, dass die anziehenden Vater- und Mutterbilder sich in dich einbilden, damit du von ihrer Kraft und ihrer Lebenserfahrung und von ihrem Glauben her leben kannst, dass du aus den gesunden Wurzeln deiner Eltern die Kraft beziehst, die du für dein Leben brauchst. Und versuche, hinter die schwierigen Vater- und Mutterbilder zu schauen und die Lebensphilosophie deiner Eltern zu entdecken. Vielleicht hilft sie dir, mit deinem Gewordensein aktiv umzugehen und auf dem Hintergrund all dieser Elternbilder dein eigenes Bild zu entdecken, das Anteile der Eltern in sich birgt und das doch in sich einmalig und einzigartig ist.*

7.
Vorbilder und Urbilder

Heute hört man oft die Klage, dass die Jugend keine Vorbilder mehr hat, denen sie nacheifern kann. In der Erziehung spricht man von der heilsamen Wirkung von Vorbildern. Dabei geht es nicht darum, die Vorbilder zu kopieren. Vielmehr können wir durch ein Vorbild mit den eigenen Bildern in Berührung kommen, die in unserer Seele bereit liegen. Menschen, die für uns ein Vorbild sind, zeigen uns, welche Möglichkeiten auch in uns stecken. Die Gefahr des Vorbildes ist, dass wir es kopieren und dabei unsere eigene Identität verleugnen. Die Vorbilder haben die Aufgabe, uns anzuspornen, unsere Talente und Möglichkeiten zu verwirklichen, nicht zu klein von uns zu denken, sondern mit unseren Stärken in Berührung zu kommen. Die Vorbilder sollen sich in uns einbilden, damit wir mit dem einmaligen Bild in Berührung kommen, das Gott sich von uns gemacht hat.

Die Pädagogik hat jahrhundertelang das Vorbild der Eltern und Erzieher als das eigentliche Erziehungsmittel gepriesen. Heute sprechen Pädagogen von der Krise des Vorbilds. Ursula Frost zitiert in einem Vortrag über die Krise des Vorbilds den Roman von Siegfried Lenz »Das Vorbild«, in dem zwei Lehrer und eine Lektorin über die Bedeutung des Vorbilds streiten. Der jüngere Lehrer nennt die Vorbilder »nur eine Art pädagogischer Lebertran«: »Die erdrücken doch den jungen Menschen, machen ihn unsicher und reizbar und fordern ihn auf ungeziemende Weise heraus.« (Lenz, zit. bei Frost 103) Der ältere Lehrer dagegen plädiert für die positive Wirkung der Vorbilder. Junge Menschen brauchen Orientierung, sie suchen im unübersichtlichen Gelände nach Wegweisern. Die Lektorin versucht zu vermitteln. Sie meint, vom Vorbild müsse zweierlei ausgehen: »Verpflichtung und Herausforderung«. (Ebd. 104)

Für die Pädagogik werden Personen dann zu Vorbildern, »wenn ihr konkreter Lebensvollzug einen anderen Menschen so zu beeindrucken vermag, dass dieser sich – auf der Suche nach Wegen eigener Lebensführung – mit ihr identifiziert und in seinem Handeln bemüht, ihr nachzufolgen.« (R. Walrafen, Vorbild, zit bei Bucher 31) Es geht also nicht darum, ein Vorbild zu kopieren, sondern in Freiheit in der Auseinandersetzung mit Vorbildern seinen eigenen Weg zu finden. Als Vorbild kann man sich nicht selber hinstellen. Vorbilder sind immer absichtslos. Sie werden zum Vorbild, wenn sie überzeugen. Und sie werden zum Vorbild, wenn von ihnen Liebe ausgeht. Ohne persönliche Beziehung haben Vorbilder kaum Wirkung. Nur medial vermittelte Vorbilder sind leere Idole, auf die man alles Mögliche projiziert. Es wundert also nicht, dass bei einer Umfrage unter österreichischen Jugendlichen in erster Linie die Eltern als Vorbild genannt wurden.

Die christliche Tradition, besonders die katholische, hat die Heiligen als Vorbilder betrachtet. Manchmal wurden sie allerdings in so hellen Farben gemalt, dass wir uns darin nicht mehr wieder erkannt haben. Hilfreicher waren die Bilder, die die Kunst uns von den Heiligen geschenkt hat. Die Kirchen sind voll von Heiligenfiguren. Jeder Heiligenfigur wurde ein Symbol beigefügt. Die verschiedenen Heiligen stehen für die vielfältigen Möglichkeiten, wie auch unser Leben heil und ganz werden, wie es gelingen kann. In früheren Zeiten haben die Menschen die Bilder der Heiligen auf sich wirken lassen. Das hatte immer eine heilende Wirkung auf sie. Berühmt sind die 14 heiligen Nothelfer, die für die Überwindung unserer menschlichen Nöte und Gefährdungen und Krankheiten stehen. Indem wir sie anschauen, bekommen wir Hoffnung, dass Gott auch unsere Wunden zu heilen vermag.

Vorbilder wollen uns dazu bringen, den je eigenen Weg zu finden, auch Widerstände und Nöte zu bewältigen. Sie fordern uns dazu auf, sich mit uns selbst auseinanderzusetzen, die eigenen Vorstellungen immer wieder neu anzuschauen und dadurch zu reifen. Ein Vorbild ist ein Bild, das uns vor Augen steht, damit wir es uns einbilden. Aber wir sollen uns nicht mit dem Vorbild identifizieren. Sonst übernehmen wir uns. Das Vorbild hat die Aufgabe, dass wir durch die Auseinandersetzung mit ihm mit dem eigenen ursprünglichen Bild in Berührung kommen, das Gott sich von uns gemacht hat, und mit den Fähigkeiten und Möglichkeiten, die in unserer Seele bereit liegen. Oft übersehen wir diese Fähigkeiten. Wir leben auf reduziertem Niveau. Die Vorbilder wollen uns nicht auf ein Niveau heben, das uns überfordert, sondern auf das, was unseren realen Möglichkeiten entspricht.

Anders wirken die Idole, die vielfach die Vorbilder ersetzt zu haben scheinen. Idole sind von ihrem Ursprung her Götterbilder. Die christliche Tradition hat die »Idolatrie«, die Verehrung von Götzenbildern verboten. Stattdessen hat sie die Menschen hingelenkt zum wahren Bild Gottes, zu Jesus Christus, in dem Gott für uns sichtbar und anschaubar geworden ist. Heute denken wir bei Idolen nicht an Götzenbilder, sondern an Filmschauspieler, Sportler oder Musiker. Junge Menschen lassen sich von Idolen leiten. Dabei hat ihr Schwärmen für ihre Idole durchaus etwas mit Götzenverehrung zu tun. Die Idole werden in den Himmel hinauf gehoben. Ihnen wird gleichsam göttliche Verehrung zuteil. Man verehrt die Idole, um in ihrem Glanz den eigenen Wert zu erahnen. Doch dies führt in der persönlichen Entwicklung nicht weiter. Den Idolen fehlt der Aufforderungscharakter, den Vorbilder haben. Sie wirken oft genug als Ersatz dafür, selber zu reifen und an sich zu arbeiten. Man schwärmt für ein Idol und erwartet sich davon, dass man Anteil hat an seinem Glanz. Doch man sonnt sich in fremden Glanz, statt sich auf den Weg zu machen und den Glanz der eigenen Seele zu entdecken.

In der Pädagogik spricht man heute auch vom Modell-Lernen. Gegen die Gefahr zu enger Verhaltensmuster, die man nachahmen möchte und dabei die eigene Identität verleugnet, soll das Modell zur kreativen und selbstbewussten Nacheiferung anregen. Beim Modell-Lernen geht es »um die Vermittlung sinnvoller Erfahrungs- und Lebensstile, die zugleich größere Wert- und Sinnperspektiven aufweisen«. (Albert Biesinger, Vorbild, in LThK 890) Dieses Lernen hat immer mit Begegnung zu tun. Ich begegne dem Vorbild, dem Modell, um in der Begegnung mir selbst zu begegnen und meine eigenen Möglichkeiten zu entdecken. Die Eltern und Lehrer sind immer schon für junge Menschen Modelle, an denen sie sich abarbeiten, ob sie das wollen oder nicht. Daher ist es nicht gleichgültig, wie Eltern und Lehrer den Menschen begegnen. Sie können nicht mit dem Anspruch auf die jungen Menschen zugehen: »Seht her, wir sind eure Vorbilder«. Sie können nur im achtsamen Umgang und im authentischen Lebensvollzug für die jungen Menschen als Vorbilder wirken . Die Lateiner haben diese dynamische Wirkung in den Satz gefasst: »Verba docent, exempla trahunt = Worte belehren, doch Beispiele (Vorbilder) ziehen.« Vorbilder haben eine Kraft in sich, die uns nach vorne bringt.

Neben den konkreten Vorbildern, denen wir nacheifern können, gibt es die Urbilder, die sich in uns einbilden wollen. Es gibt die archetypischen Bilder des Mannseins oder Frauseins. In meinem Buch »Kämpfen und Lieben« und in dem Buch, das ich mit meiner Schwester Linda Jarosch geschrieben habe »Königin und wilde Frau« haben wir versucht, biblische Bilder des Mannseins und des Frauseins zu beschreiben. Wenn wir diese Bilder anschauen, dann haben sie eine heilende und belebende Wirkung auf uns. Wir entdecken uns selber und erkennen, welchem Bild wir am nächsten kommen. Und zugleich kommen wir in Berührung mit unseren eigenen Möglichkeiten. Wenn ich das Bild des Königs oder der Königin in mich einpräge, dann komme ich in Berührung mit der königlichen Energie in mir, mit der Ahnung, dass ich eine unantastbare Würde habe und dass ich durch mein königliches Sein auch anderen die Möglichkeit anbiete, ihre Würde zu entdecken. Und wenn ich das Bild des weisen Mannes oder der weisen Frau anschaue, entdecke ich in mir die Weisheit, die Gott mir geschenkt hat und die in mir durch all die Erfahrungen, die ich gemacht habe, gewachsen ist.

Die biblischen Urbilder oder auch die Urbilder der Märchen und Mythen sind heilsame Bilder, Bilder, die uns in Berührung bringen mit den eigenen Möglichkeiten. Da ist das Bild des Helden, der sich durch viele Gefahren hindurchkämpft, um die Königstochter zu heiraten. Da ist die Königstochter, die verleumdet und aus dem Schloss vertrieben wird. Die Märchen zeigen in diesen Bildern, wie ein Mann und eine Frau reift, wie sie ihre Schattenseiten integrieren und wie sie zuletzt miteinander eins werden, nicht nur eins mit der Frau oder dem Mann, den sie heiraten, sondern mit dem animus und der anima in sich selbst, den männlichen und weiblichen Seelenanteilen, wie sie zu einem ganzen Menschen werden.

In unserer Gesellschaft werden uns von den Medien oft normative Bilder vermittelt, Bilder, die uns zeigen, wie wir heute sein sollen, wenn wir modern sein wollen. Es sind Bilder, die uns vereinnahmen möchten, die uns in ein Korsett zwängen, das uns einengt. Heute ist es etwa das Bild des coolen Mannes oder der erfolgreichen Frau. Oder es ist das Bild der Hexe, die sich an keine Normen hält, oder des sportlichen Mannes, der alles im Griff hat und ewig jung bleibt. Dabei ändert sich der Zeitgeist und bringt immer wieder andere Bilder hervor. Das Bild des Macho ist heute nicht mehr hoffähig, höchstens noch in einigen Westernfilmen. Heute ist das Bild des sensiblen, verständnisvollen Mannes modern. Das ist ein hilfreiches Bild. Es kann den Mann aber auch überfordern, wenn es ihn daran hindert, seine Kraft zu entfalten. Die Bilder, die uns die Medien vorgeben, drängen in eine ganze bestimmte Richtung und legen fest. Wir sollten uns die Freiheit nehmen, sie zu hinterfragen: Tun sie uns wirklich gut? Entsprechen sie unserem Wesen? Oder wollen sie uns in eine bestimmte Richtung drängen?

Waren es in früheren Zeiten Bilder des Vertrauens und der Zuverlässigkeit, die den Umgang im geschäftlichen Bereich geprägt haben, sind es heute andere Bilder, die aber oft zu einem rauen und unmenschlichen Umgang miteinander führen. Da ist das Bild des Raubtierkapitalismus, dem es nur darum geht, möglichst viele Konkurrenten zu schlucken oder aus der Welt zu schaffen, damit man den eigenen Rachen voll bekommt. Oder es gibt das Bild des kühlen Rechners, der alles nur mit Zahlen belegt und kein Gespür mehr für den Menschen hat.

Ein Unternehmer erzählte mir, dass er mit seinem Familienunternehmen seit 30 Jahren eine gute Beziehung zur Bank hatte. Der Kreditberater seiner Bank kannte ihn und sein Unternehmen. Es hat sich gegenseitiges Vertrauen herausgebildet. Die Bank hat ihm immer Kredit gegeben und er hat ihn immer pünktlich bedient und zuletzt zurückgezahlt. Doch plötzlich wurde ein junger Kreditmann eingestellt, dem es nur um Zahlen ging. Er verwirklicht das Bild des »kühlen Rechners«. Beziehungen sind für ihn nicht wichtig. Im Gespräch vermag der Unternehmer nicht in Beziehung zu ihm zu treten. Er versteckt sich hinter einer Mauer. Für ihn zählen nur Zahlen und nicht Menschen. Solche inneren Bilder, die sich in manchen Angestellten festgesetzt haben, schaden der Wirtschaft und letztlich der ganzen Gesellschaft. Sie führen zu einem kalten und rauen Klima, das vielen körperlich und seelisch zu schaffen macht. Häufig sind Burn-out oder andere psychosomatische Krankheiten die Folge. Die Menschen halten solche Bilder nicht mehr aus. Sie spüren, dass sie sich zerstörerisch und krankmachend auf die Menschen in den Firmen auswirken.

ÜBUNG: *Wen würdest du als dein Vorbild bezeichnen? Welche Menschen fallen dir ein, die für dich Vorbildfunktion haben? Wenn du diese Vorbilder anschaust, was rufen sie in dir selbst wach? Mit welchen eigenen Fähigkeiten und Möglichkeiten bringen sie dich in Berührung? Warum siehst du gerade diese Menschen als Vorbild an? Dann schaue in dich hinein und stelle dir vor: Das, was mich an diesen Vorbildern fasziniert, das ist auch in mir. Bilde dir das Vorbild ein, damit du immer mehr in Berührung kommst mit deinen eigenen Kräften. Und dann stelle dir vor: Was möchte ich mit den Anlagen, die Gott mir geschenkt hat, in dieser Welt bewirken? Was ist meine Antwort auf die Talente, die Gott mir gegeben hat? Und was ist – im Blick auf diese Vorbilder – meine Berufung, mein Weg, etwas von Gott in dieser Welt zum Ausdruck zu bringen, was nur durch mich ausgedrückt werden kann?*

8.
Selbstbild und Gottesbild

In der geistlichen Begleitung erlebe ich, dass das Selbstbild und das Gottesbild miteinander korrespondieren. Kranke Selbstbilder führen zu kranken Gottesbildern und umgekehrt. Dabei können wir nie sagen, was zuerst ist, ob das kranke Gottesbild sich ein krankes Selbstbild schafft oder ein krankes Selbstbild zu einem kranken Gottesbild führt. Eine wichtige Aufgabe ist es, die Selbstbilder und Gottesbilder anzuschauen und sie sich bewusst zu machen. Erst dann kann man sich langsam von solchen Bildern verabschieden und angemessenere Bilder für sich suchen.

Manche, vor allem, aber nicht nur, ältere Menschen erzählen, dass sie in der Kindheit ein strafendes Gottesbild mitbekommen haben. Sie klagen dabei oft ihre Eltern oder ihre Pfarrer an, die so ein strafendes Gottesbild vermittelt haben. Sie lehnen sich gegen dieses Gottesbild auf. Doch unbewusst tragen sie es immer noch in sich. Wenn sie an Gott denken, kommt immer dieses Bild des allmächtigen Kontrolleurs hoch, der alles sieht und alles straft, was nicht richtig ist. Und mit diesem Gott wollen sie nichts mehr zu tun haben. Oder aber sie glauben an Gott, halten an Gott fest. Aber ihr Gottesbild tut ihnen nicht gut. Sie leiden an sich und ihrem Glauben. Wenn ich mit diesen Menschen spreche, dann wird oft bald klar, dass sie in sich eine Selbstbestrafungstendenz haben. Sie können sich selbst nicht vergeben. Sie bestrafen sich selbst, wenn sie einen Fehler machen. Und diese Selbstbestrafungstendenz projizieren sie auf Gott. Gott ist der verlängerte Arm ihrer eigenen Selbstjustiz, ihrer Selbstverurteilung. Eigentlich stehen sie vor ihrem eigenen inneren Gerichtshof und nicht vor dem Gericht Gottes. Aber sie identifizieren ihr inneres Gericht mit dem Gericht Gottes. Es ist nicht so leicht, Menschen von solchen Bildern abzubringen. Dabei ist es wichtig, auch die positive Seite solcher Bilder anzuschauen. In diesen Bildern steckt immer auch ein Aspekt, den wir durchaus berücksichtigen sollen. Im strafenden Gottesbild und in der eigenen Selbstbestrafungstendenz verbirgt sich ja das Wissen, dass ich nicht beliebig gegen mein Wesen und gegen die Natur leben kann. Wenn ich willkürlich lebe, gegen mein inneres Wesen und gegen die Strukturen der Welt, dann wird meine Seele revoltieren und dann wird die Welt zurückschlagen. Sie werden gegen mein unangemessenes Verhalten rebellieren. Wenn ich maßlos getrunken habe, dann bestraft mich mein Körper mit einem Kater, den ich nach dem Aufwachen aus dem Rausch spüre. Das Problem ist, dass wir diese inneren Zusammenhänge auf Gott projizieren und uns Gott als einen willkürlichen Richter vorstellen, der besondere Lust daran hat, uns zu bestrafen, wenn er uns bei einem Fehler ertappt hat. Indem wir lernen, uns selbst zu vergeben, ändert sich auch unser Gottesbild. Und indem wir etwa das Bild des barmherzigen Vaters, der den verlorenen Sohn in die Arme schließt (Lk 15,20), uns einbilden, wandelt sich unser Selbstbild. Wir werden fähig, uns selbst zu vergeben.

Dem strafenden Gottesbild ähnlich ist das Bild des kontrollierenden Gottes. Dieses Bild haben heute viele Menschen verinnerlicht. Es ist das Bild des »Großen Bruders«, das Georg Orwell in seinem Zukunftsroman »1984« beschrieben hat. Der Große Bruder sieht und kontrolliert alles. Er möchte letztlich, dass wir nicht existieren. Dagegen setzt der christliche Glaube die Antwort der Freiheit. Gott ist dort, wo die Freiheit ist. Das hat der ehemalige Dissident aus Prag, der tschechische Priester und Intellektuelle Tomas Halik in seinem Vortrag in der Katholischen Akademie in Bayern eindrucksvoll beschrieben. Er unterscheidet den wahren Gott vom Großen Bruder: »Die Unterscheidung ist leicht und gleichzeitig auch wieder nicht, sie beruht auf Folgendem: Der Große Bruder ist ein Parasit, er saugt das Blut unserer Freiheit, ist ein Vampir der Freiheit, der wahre Gott aber der Freiheit Fels, ihr Leben, ihr Blut.« (Zur Debatte 7/2010, 5) Aber die Einsicht allein befreit uns nicht von dem Bild des kontrollierenden Gottes, der dem Bild des Großen Bruders entspricht. Es braucht eine innere Auseinandersetzung und einen Übungsweg, um sich von diesen krankmachenden Gottesbildern zu verabschieden.

In manchen christlichen Kreisen ist es üblich, ständig vom Ende der Welt zu reden. Manche Christen interpretieren das letzte Buch der Bibel, das Buch der Offenbarung des Johannes, so, dass sie genau wissen, wann und wie die Welt zu Ende geht. Sie reden von Katastrophen, vom nächsten Weltkrieg, von der atomaren Katastrophe, die alles zugrunde richtet. Natürlich hat keiner von uns die Gewissheit, dass unsere Welt lange gut weiter besteht. Aber oft ist das Reden vom Ende der Welt Ausdruck einer Seele, die mit sich und ihren Möglichkeiten zu Ende ist, die keine Hoffnung mehr hat auf eine gute Zukunft. Die Seele solcher Menschen ist in einem katastrophalen Zustand. Sie projizieren die innere Katastrophe, dass ihr Leben ihnen aus der Hand geglitten ist, nach außen, in eine äußere Katastrophe. Anstatt sich auf Diskussionen über mögliche Schreckensszenarien zu ergehen, wäre es heilsamer, den Schrecken in der eigenen Seele anzuschauen und ihn zu bearbeiten. Dann werden Bilder sichtbar, die sich in die Seele oft schon in der frühen Kindheit eingeprägt haben, Bilder, die erschrecken, die Angst machen, die überfordern – von denen man sich aber befreien kann.

ÜBUNG: *Welche Gottesbilder hatte ich in meinem Leben? Wie habe ich Gott als Kind erfahren oder welche Bilder und Gefühle habe ich mit Gott verbunden? Welches Selbstbild entsprach in meiner Kindheit diesem Gottesbild? Dann gehe dein Leben durch und beobachte dich, wie sich die Gottesbilder in dir gewandelt haben: in der Pubertät, als junger Erwachsener, in der Lebensmitte, und in deinem jetzigen Lebensalter. Und dann schaue in dich selbst hinein und überlege, welche Selbstbilder diesen Gottesbildern entsprechen. Welches Gottesbild entspricht heute deinem Selbstverständnis und deinem Verständnis von Glauben? Prüfe dich, ob dein bewusstes Gottesbild auch mit dem unbewussten übereinstimmt oder ob da trotz aller theologischen Einsicht immer noch alte Gottesbilder in dir nachwirken. Und dann halte dich und deine Wahrheit, die jenseits all deiner Selbstbilder ist, in das unbegreifliche und unbeschreibliche Geheimnis Gottes hinein, in seine unbegreifliche Liebe. Dann ahnst du, wer du selbst bist und wer Gott ist, ohne dass du dich und Gott noch mit Worten beschreiben kannst.*

9.
Bild und Bildlosigkeit

Der unbegreifliche Gott

In der Spiritualität geht es darum, sich für Gott zu öffnen und Gott zu suchen. Gott ist aber letztlich immer der unbegreifliche. Wir Menschen brauchen Bilder von Gott, um überhaupt von ihm sprechen und eine Beziehung aufbauen zu können. Aber zugleich wissen wir, dass Gott jenseits aller Bilder liegt. Das Alte Testament kennt daher das Verbot, sich von Gott ein Bild zu machen. Wir sollen an unserem Gottesbild arbeiten, kranke Gottesbilder auflösen und heilende Bilder in uns einlassen. Aber wir sollen immer wissen, dass Gott jenseits der Bilder ist. Gott ist der unbegreifliche, unbeschreibbare. Die Bilder öffnen uns ein Fenster, um in Richtung Gott zu schauen. Wir brauchen die richtigen Fenster, um in die richtige Richtung zu schauen, in die Richtung, in der Gott sich als der bildlose Gott erahnen lässt. Aber Gott ist – wie es Karl Rahner immer wieder betont – das absolute Geheimnis. Gott teilt sich uns in Jesus Christus mit. Aber er bleibt auch als der, der mit uns eins geworden ist, das absolute Geheimnis, das sich jedem menschlichen Zugriff entzieht. Und auch der Mensch – so meint Rahner – »gründet im Abgrund des Geheimnisses, er lebt immer mit ihm zusammen« (Rahner, Geheimnis SM 192). Auch der Mensch ist letztlich ein Geheimnis, das wir nicht auflösen können.

Der Mensch muss immer wieder Gottesbilder entwerfen, um überhaupt von Gott reden zu können. Zugleich aber muss er diese Bilder immer wieder transzendieren, überschreiten, hinter sich lassen. Gotthard Fuchs zitiert in diesem Zusammenhang einen Satz der oberrheinischen Mystik: »›Die Bilder durch Bilder austreiben‹ – dies wurde deshalb in der oberrheinischen Mystik eine Kurzformel des christlichen Lebensvollzuges.« (Fuchs 134) Meister Eckehart spricht davon, dass wir Christus in uns einbilden und ihn ausbilden sollen, dass wir ihn nach außen durch unsere Ausstrahlung als Bild erscheinen lassen. Der Schüler von Meister Eckehart, Heinrich Seuse, drückt es so aus: »Der Mensch muss entbildet werden seiner selbst, eingebildet in Jesus Christus und überbildet in der Gottheit.« (Fuchs 134) Unser Weg geht nach Meister Eckehart und Heinrich Seuse über den paradoxen Prozess von Ein-Bildung und Ent-Bildung, »um von Bild zu Bild, durch alle Selbst- und Gottesbilder hindurch, zur Wahrheit der Gott-Unmittelbarkeit, der Gott-Einung zu gelangen«. (Fuchs 139) Das Ziel ist das Einswerden mit Gott. Indem ich eins werde mit Gott, überschreite ich alle Bilder von Gott und von mir selbst. Ich werde eins in der bildlosen Stille Gottes.

Der Theologe Jürgen Werbick sieht die Ambivalenz der Bilder. Er beginnt seinen Vortrag »Bilder sind Herausforderungen« mit dem Satz: »Bilder sind Verlockungen, Manipulationen, falsche Versprechen, Bilder sind Zumutungen, Anstiftung zum Neu-Sehen. Bilder sind Denkverbote, zumindest legen sie das Denken lahm, da sie es in den Bann der Vorstellungslust schlagen.« (Werbick 165) Er stellt bewusst Sätze auf, die sich widersprechen. Bilder haben immer auch die Gefahr in sich, in Gott die eigenen Sehnsüchte hinein zu projizieren und sich das Bild von Gott so zurecht zu formen, dass es unseren Wünschen und Bedürfnissen entspricht. Aber Bilder können auch inspirieren und ermutigen. »In ihnen ist ein *Versprechen* lebendig, das danach verlangt, beim ›Wort‹ genommen und in seiner Verlässlichkeit erprobt zu werden.« (Ebd. 190f.) Wir brauchen Bilder von Gott. Aber wir sollen uns immer bewusst sein, dass wir diese Bilder übersteigen müssen auf den ganz anderen Gott. Insofern ist das alttestamentliche Bilderverbot weiterhin gültig.

Unser wahres Selbst

Die Bildlosigkeit gilt auch für unser Selbstbild. Wir brauchen gute Bilder, um mit unserem wahren Selbst in Berührung zu kommen. Aber auch das wahre Selbst ist letztlich unanschaulich, jenseits aller Bilder. So besteht unsere Aufgabe darin, krankmachende Bilder loszulassen und uns heilende und helfende Bilder einzubilden. Aber damit sind wir noch nicht am Ende. Zuletzt geht es darum, auch durch die guten Bilder zu unserem inneren Grund zu steigen, der jenseits aller Bilder ist. Aber auch hier gilt: Wir können nicht ohne Bilder leben. Wer nur bildlos leben möchte, in den bilden sich von selbst Bilder ein. Und oft genug sind es Bilder, die ihm nicht gut tun. Daher sind wir verantwortlich, gute Bilder in uns einzubilden. Sie bringen uns in Berührung mit dem einmaligen Bild Gottes von uns. Aber dieses Bild Gottes von uns können wir letztlich nicht mehr beschreiben. Es ist jenseits aller anschaubaren

Bilder. Und doch ist es unser Wesen, dass wir ein Bild Gottes sind. Aber sowohl Gott wie auch unser wahres Selbst sind jenseits aller Bilder.

Liebe befreit vom Bild

Die Bildlosigkeit gilt auch für die Beziehung. Auch vom Partner brauchen wir auf der einen Seite gute Bilder. Die guten Bilder sind wie Brillen, durch die wir die guten Seiten des Partners entdecken. Oft genug stecken wir die Partnerin in die Schublade unserer vorgefertigten Bilder. Da ist es schon ein Fortschritt, diese entwertenden und oft genug verletzenden Bilder loszulassen und gute Bilder vom anderen zu suchen. Aber auch diese Bilder sollen wir übersteigen. Der Partner ist jenseits der Bilder. Natürlich haben wir ein Bild vom andern in uns. Und wir malen uns täglich neue Bilder von ihm. Spiritualität meint jedoch, dass wir den andern nie auf ein Bild festlegen, dass wir immer darum wissen, dass der andere mehr ist als die Bilder, die wir von ihm in uns tragen. Auch im andern ist etwas, was unserem Zugriff entzogen ist. Die Beziehung zum Partner oder zur Partnerin bleibt nur lebendig, wenn wir unsere eigenen Bilder überspringen und offen sind für das bildlose Geheimnis des andern. Wenn ich den andern auf ein Bild festlege, wird es bald langweilig mit ihm. Ich kenne alle seine Verhaltensweisen, habe für jedes Wort und jedes Verhalten des anderen eine Erklärung. Die Bildlosigkeit in der Beziehung ist die Voraussetzung, dass ich neugierig bleibe für das Geheimnis des andern. Das hat der Schweizer Dichter Max Frisch als das Geheimnis wahrer Liebe entdeckt. In seinem Tagebuch schreibt er: »Die Liebe befreit aus jeglichem Bildnis.« Das Johannesevangelium drückt diesen Aspekt der Liebe in der Auferstehungsgeschichte aus. Als Maria von Magdala den Auferstandenen erkennt und ihn umarmt, sagt Jesus zu ihr: »Halte mich nicht fest; denn ich bin noch nicht zum Vater hinaufgegangen.« (Joh 20,17) Im Bild halten wir den andern fest. Aber in jedem ist etwas, das unserem Zugriff entzogen ist. Es ist das, was zum Vater aufsteigt, das, was den andern für Gott hin öffnet. Es ist die spirituelle Dimension in jedem von uns. Etwas gibt es in uns, das der andere nicht festhalten kann. Es entzieht sich jedem Zugriff. Es ist etwas Göttliches, das zu Gott aufsteigt und bei Gott daheim ist. Nur wenn wir um diese Dimension wissen, bleibt die Beziehung auf Dauer lebendig.

Keine Projektionen auf andere

Die Bildlosigkeit gilt nicht nur in der persönlichen Beziehung, sondern auch in den gesellschaftlichen Beziehungen. Wir sind immer in Gefahr, uns von anderen Gruppierungen, von konkurrierenden Parteien, von bestimmten Firmen irgendwelche Bilder zu machen, die auch wertende Vorstellungen sind. Oder wir machen uns bestimmte Vorstellungen von Menschengruppen: von Bankern, von Managern, von Politikern. All diese Bilder, die mit Urteilen und Wertungen verbunden sind, sind oft Ausdruck unserer eigenen Schattenseiten, die wir auf sie projizieren. Genauso wenig hilfreich sind Bilder der Verklärung, wenn wir bestimmte Sportler, Schauspieler, Sänger, spirituelle Gurus mit Bildern des Unantastbaren, des Heiligen, des Genialen belegen. Solche Bilder sind ebenfalls nur Projektionen, in denen wir unsere ungelebten Anteile auf andere projizieren. Auch unserer Gesellschaft, die uns die Menschen ständig in Bildern vor Augen führen, sei es im Fernsehen, sei es im Internet, sei es in den Zeitungen, täte der Verzicht auf Bilder manchmal gut. Denn gerade manche Photographen legen die Menschen auf ein bestimmtes Bild fest. Sie zeigen sie oft in Situationen, die mehr der Vorstellung und dem Vorurteil der Zuschauenden als der Realität entsprechen. Man kann Menschen in einem ungünstigen oder aber in einem verklärenden Licht zeigen. Die vielen Bilder, die uns von Politikern, Schauspielern, Managern, Sportlern gezeigt werden, haben nicht selten eine ganz bestimmte Tendenz in sich, entweder eine verherrlichende oder eine verunglimpfende Absicht. Ein Verzicht auf Bilder täte uns auf diesem Hintergrund also gut. Und wir, die wir diese Bilder anschauen, sollten uns immer bewusst werden, dass wir uns kein Bild von diesen Menschen machen sollen. Wenn wieder einmal ein Manager oder ein Banker oder ein Politiker etwas tut, was von der Öffentlichkeit kritisiert wird, werde ich von Journalisten oft um meine Meinung gebeten. Ich sage dann immer: »Über Personen sage ich nichts aus. Denn ich kenne diese Person nicht. Und ich weiß nicht, was seine innere Lage ist.« Aber ich spüre, dass von mir eine Entrüstung erwartet wird, dass also ein bereits bestehendes Bild nur verstärkt werden soll. Ich bekomme auch Briefe, die mich drängen, mich über den oder jenen Menschen in der Öffentlichkeit zu entrüsten. Dieser Entrüstungsterror arbeitet mit Bildern, die die Menschen festlegen. Er hilft keinem, im Gegenteil, er hindert Menschen daran, sich überhaupt noch zu zeigen. Da ist es heilsam, gute Bilder von diesen Personen gelten zu lassen. Aber letztlich geht es dann auch darum, auch diese Bilder wieder loszulassen. Nur wenn wir voller Ehrfurcht die Menschen so betrachten, dass wir alle Bilder loslassen, die sich in uns von ihnen gebildet haben, können wir ihnen wirklich gerecht werden.

10.
Schluss: Die Augen schließen, um zu sehen

Wir sind ständig von Bildern umstellt. Es gibt Bilder, die uns gut tun. Und es gibt Bilder, die uns krank machen. Viele fühlen sich heute überfordert von der Bilderflut, die auf sie einströmt. Wir können gar nicht mehr auswählen zwischen guten und krankmachenden Bildern. Wir sind den Bildern einfach ausgesetzt. Da bedarf es der Bilderaskese, dass wir uns nicht ständig zumüllen mit den Bildern, die im Fernsehen oder im Internet auf uns einströmen. Wir brauchen die Askese, den Verzicht auf zu viele Bilder, damit wir uns der Bilder innewerden, die uns gut tun. Der Maler Gauguin meint: »Man muss die Augen schließen, um wirklich sehen zu können.« Ja, wir müssen die Augen vor der Bilderflut schließen, damit wir die heilsamen Bilder unserer Seele sehen können. Und es bedarf des Verzichts auf die alles überschwemmende Bilderflut, um die Bilder, die uns wirklich ansprechen, in aller Ruhe auf uns wirken zu lassen.

Worauf es mir ankommt: dass wir uns sensibel machen für die Wirkung der Bilder in unserer Seele. Unbewusst tragen wir oft Bilder in uns, die uns das Leben schwer machen. Und oft genug geht es uns schlecht, weil die Vorstellungen, die wir uns von uns selbst und vom Leben gemacht haben, nicht mit der Wirklichkeit übereinstimmen. So soll dieses Buch Ihnen, liebe Leserin, lieber Leser, helfen, die Bilder in Ihrer Seele zu entdecken, die Sie lähmen und am Leben hindern. Und sie sollten Bilder in sich entdecken, die für Sie heilsam sind. Wir alle haben solche positiven Bilder in uns. Aber oft genug sind diese Bilder entweder von äußeren Bildern verstellt worden, die uns die Medien aufdrängen, oder aber von Bildern, die sich in

Ihrer Lebensgeschichte gebildet haben und die sich als belastend, verletzend und hemmend in Ihre Seele eingegraben haben. Ob wir wollen oder nicht, wir haben viele äußere Bilder verinnerlicht. Bilder bestimmen unsere Seele. Nur wenn wir uns die Bilder bewusst machen, können wir uns von denen, die krankmachen, distanzieren. Und wir können Ausschau halten nach Bildern, die uns gut tun, nach Bildern, die wir in unserer eigenen Kindheit als heilsam erfahren haben, und nach Bildern, die uns heute von außen begegnen, in der Bibel, in der Kunst, in der Natur, in den Menschen und ihren Worten. Wir begegnen in unserer Umgebung vielen heilenden Bildern. Wir brauchen nur die Sensibilität, dass wir sie in uns einbilden und nicht die krankmachenden. Schauen Sie mit offenen Augen in die Natur, schauen Sie sich Gemälde an, gehen Sie in ein Museum, besuchen Sie Kirchen und schauen dort auf die Statuen und Bilder und auf die Architektur der Kirche. Überall begegnen Ihnen Bilder von außen, die Sie in Berührung bringen möchten mit den heilsamen Bildern, die in Ihrer Seele schon vorhanden sind, die aber immer wieder aktiviert werden müssen, damit sie ihre heilende Kraft für uns entfalten können.

Letztlich brauchen wir das Bild, das sich seit jeher als das heilende und befreiende Bild, als das versöhnende und vereinende Bild, als das lebendig machende und inspirierende Bild schlechthin erwiesen hat: das Bild Jesu Christi. Aber dieses Bild ist häufig so übermalt worden, dass wir es nicht mehr als heilsam erkennen. Ja, manche wehren sich gegen das Bild Jesu, weil es von Eltern und Lehrern und Priestern so verfälscht worden ist, dass es ihnen eher

Angst macht anstatt sie aufzurichten und zu befreien. So wünsche ich Ihnen, dass Sie die Bilder, die Jesus uns selbst vor Augen gestellt hat, neu entdecken und dass Sie in Jesus ein Bild für Ihr wahres Selbst erkennen, damit Sie immer mehr die einmalige und einzigartige Person werden, die Sie von Gott her sind, damit mehr und mehr das ursprüngliche und unverfälschte Bild in Ihnen aufleuchtet, das Gott sich von Ihnen gemacht hat. Und ich wünsche Ihnen, dass Sie das Geheimnis hinter allen Bildern entdecken, das Geheimnis des unbegreiflichen Gottes, aber auch das Geheimnis Ihrer eigenen Person, die letztlich auch unbeschreiblich ist.

Die Bilder, die Sie in sich tragen, öffnen Ihnen den Blick, dass Sie in den Grund Ihrer Seele schauen, in dem Ihnen das Geheimnis Ihres wahren Selbst, Ihrer Einmaligkeit und Einzigartigkeit aufgeht, ohne dass Sie es beschreiben können. Doch wenn Sie in Berührung sind mit Ihrem wahren Selbst, dann kommt Ihr Leben zum Fließen und Sie werden ein Segen für die Menschen.

Literatur

Albert Biesinger, Vorbild, in LThK 889–890.

Anton Bucher, Renaissance der Vorbilder?, in: Vor-Bilder, Realität und Illusion, hg. von Heinrich Schmidinger, Salzburg 1996, 29–64.

Mechthild Dreyer, Ideen, göttliche, in: LThK 393f.

Marie-Louise von Franz, Spiegelungen der Seele. Projektion und innere Sammlung, Stuttgart 1978.

Ursula Frost, Erziehung durch Vorbilder? In: Vor-Bilder, Realität und Illusion, hg. von Heinrich Schmidinger, Salzburg 1996, 91–128.

Gotthard Fuchs, »Die Bilder durch Bilder austreiben«: Selbstbild – Gottesbild – Weltbild, in Vor-Bilder, Realität und Illusion, hg. von Heinrich Schmidinger, Salzburg 1996, 129–164.

Josef Goldbrunner, Individuation. Die Tiefenpsychologie von Carl Gustav Jung, Krailling 1949.

Andreas Graeser, Ideenlehre, in LThK 395f.

Aniela Jaffè, Bildende Kunst als Symbol, in C. G. Jung, Der Mensch und seine Symbole, Olten 1968, 232–273.

C. G. Jung, Gesammelte Werke, Band 7, Zürich 1966.

C. G. Jung, Gesammelte Werke, Band 9/I, Zürich 1976.

C. G. Jung, Gesammelte Werke, Band 11, Zürich 1963.

C. G. Jung, Der Mensch und seine Symbole, Olten 1968.

C. G. Jung, Briefe II 1946–1955, Olten 1972.

C. G. Jung, Der Mensch und seine Symbole, Olten 1968.

Walter Kohl, Leben oder gelebt werden. Schritte auf dem Weg zur Versöhnung, München 2011.

Helmut Kuntz, Imaginationen – Heilsame Bilder als Methode und therapeutische Kunst, Stuttgart 2009.

Karl Rahner, Geheimnis, in SM II, 189–196.

Luise Reddemann, Imagination als heilsame Kraft. Zur Behandlung von Traumafolgen mit ressourcenorientierten Verfahren, Stuttgart 2001.

Ingrid Riedel, Bilder in Therapie, Kunst und Religion, Stuttgart 1988.

Birgit Schönberger, Die Tiefstaplerinnen. Wie Frauen sich durch Selbstzweifel ausbremsen, in Psychologie heute 2011/1, 33–37.

Lars Thunberg, Der Mensch als Abbild Gottes. Die östliche Christenheit, in: Geschichte der christlichen Spiritualität, 1. Band, hg. von Bernard McGinn, John Meyendorff und Jean Leclerq, Würzburg 1993, 299–317.

Judith Vössing, Die Kraft innerer Bilder: Imaginationen im Coaching. Vorstellungsvermögen als Zauberkraft, Paderborn 2007.

Jürgen Werbick, Bilder sind Herausforderungen: Gottebenbildlichkeit – Imitatio Christi – Nachfolgebilder, in Vor-Bilder, hg. von Heinrich Schmidinger, Salzburg 1996, 165–198.